Eva FUSSL
Maximilian FUSSL

SINN UND GLÜCK IM SPIEGEL DER ANTIKEN PHILOSOPHIE

GRUNDFRAGEN DER MENSCHLICHEN EXISTENZ

Kompetenzorientierter Übungsteil von Renate OSWALD

LATEIN IN UNSERER ZEIT
herausgegeben von
Werner MÜLLER, Günter LACHAWITZ,
Renate OSWALD, Wolfgang J. PIETSCH

Latein in unserer Zeit – Übungstexte

Hg. von Werner Müller, Günter Lachawitz, Renate Oswald, Wolfgang J. Pietsch

Grundfragen der menschlichen Existenz / Religio
ISBN 978-3-7003-1750-0

- selbstständiges Übersetzungstraining
- Vorbereitung auf Schularbeiten und Prüfungen
- Prüfungsformate nach der neuen Reifeprüfung

Amor vincit omnia ISBN 978-3-7003-1686-2

Der Mensch in seinem Alltag / Gestalten und Persönlichkeiten ISBN 978-3-99400-008-9

Edle Wilde und grausame Barbaren ISBN 978-3-7003-1664-0

Europa / Austria Latina / Europa Latina ISBN 978-3-7003-1663-3

Fachsprache Latein ISBN 978-3-7003-1687-9

Die Macht und das Wort / Rostra ISBN 978-3-7003-1746-3

Unsterblicher Mythos ISBN 978-3-230-03917-0

Verlag Hölder-Pichler-Tempsky GmbH
www.hpt.at

Mit Schreiben des Bundesministeriums für Bildung, Wissenschaft und Forschung für den Unterrichtsgebrauch an nachstehend angeführtem Schultyp im Unterrichtsgegenstand **Latein** zugelassen:
GZ BMB-5.034/0029-IT/3/2017 vom 13. 02. 2018 für die **8. Klasse an allgemein bildenden höheren Schulen (sechsjähriges und vierjähriges Latein)**.

Änderungen aufgrund von Veränderungen der Rechtsordnung und des Normenwesens, in der Statistik und im Bereich von Wirtschaftsdaten sowie Software-Aktualisierung liegen in der Verantwortung des Verlages und werden nicht neuerlich approbiert.

Dieses Werk wurde auf Grundlage eines zielorientierten Lehrplans verfasst. Konkretisierung, Gewichtung und Umsetzung der Inhalte erfolgen durch die Lehrerinnen und Lehrer.

Schulbuchnummer Buch: 130.891 **Schulbuchnummer Buch + E-Book: 181.063**

Bildnachweis:
Albrecht, Michael von, Das Buch der Verwandlungen. Ovid-Interpretationen. Düsseldorf – Zürich: Artemis & Winkler 2000: Abb. 30 APA-IMAGES / epa (29.3.1994): Abb. 35; APA-IMAGES / epa / Paul Buck (2007): Abb. 44 Archiv für Kunst und Geschichte, Berlin / Foto Erich Lessing: Abb. 20 Brant, Sebastian, Das Narrenschiff. Basel 1494: Abb. 12, Abb. 37, Abb. 39 Descharnes, Robert – Gilles Néret, Salvador Dalí. 1904–1989. Köln: Taschen 2004, S. 67: Abb. 31 Dommermuth-Gudrich, Gerold, Mythen. Die bekanntesten Mythen der griechischen Antike. Hildesheim: Gerstenberg Verlag 2000: Abb. 43, Abb. 49 Giovio, Paolo, Elogia virorum literis illustrium. Basel: P. Perna 1577: Abb. 23 Hintzen-Bohlen, Brigitte, Rom. Kunst und Architektur. Köln: Könemann 2000, S. 507: Abb. 11 Holiday & Lifestyle. Das Magazin für Reise + Abenteuer + Wellness + Genuss. April/Mai 2007, S. 91: Abb. 40 IAR Art Resources: Abb. 29 Lepida Lactantii Firmiani opera accurate graeco adiuncto castigata. Paris 1509, S. 1: Abb. 25 Lipsius, Justus (Hrsg.), L. Annaei Senecae Phi-losophi Opera Qvae Exstant Omnia. Antwerpen 1652, Titelblatt: Abb. 24, Abb. 27 Museo Archeologico Nazionale, Napo-li / Foto: Pedicini: Abb. 6 Papadogeorgos, Georgios, Berühmte Männer des antiken Griechenlands. Ihr Leben und Werk. Koropi: Verlag M. Toubis S. A. 2003, S. 37: Abb. 7 Rheinisches Landesmuseum Trier, Ausschnitt aus der Igeler Säule: Rekonstruktion der Säule mit originaler Bemalung: Abb. 26 Schefold, Karl, Die Bildnisse der antiken Dichter, Redner und Denker. Basel: Schwabe Verlag 1997, S. 179: Abb. 14 Seidel, Frank (Neumark – frank@fseidi.de): Abb. 46 Seipel, Wilfried (Hrsg.), Meisterwerke der Antikensammlung. Kunsthistorisches Museum Wien 2005, S. 42 f.: Abb. 5 Seneca, Epistulae. Titelblatt der Ausgabe Venedig 1643: Abb. 18 Slim, Hedi, Das antike Thysdrus (übers. v. Sabine Fendri). Tunis 1996: Abb. 45 Staatliche Museen zu Berlin – Preußischer Kulturbesitz, Antikensammlung Inv. R 391: Abb. 9 Weeber, Karl-Wilhelm (Hrsg.), Alltag im alten Rom: ein Lexikon. Düsseldorf; Zürich: Artemis & Winkler 2000, S. 252: Abb. 33 Wikimedia Commons, CC BY 2.0, https://creativecommons.org/licenses/by/2.0, © Jeremy Weate: Abb. 3; Amphipolis: Abb. 28 Wikimedia Commons, CC BY 2.5, https://creativecommons.org/licenses/by/2.5, © Marie-Lan Nguyen (2011): Abb. 2; Abb. 19 Wikimedia Commons, CC BY-SA 3.0, https://creativecommons.org/licenses/by-sa/3.0, © CherryX: Abb. 4; Yair-haklai: Abb. 8; Maros M r a z: Abb. 50 Wikimedia Commons, Public Domain, © Jebulon: Cover, Abb. 7 (Philosophenstemma: Eva Fussl); Web Gallery of Art: Abb. 10, Abb. 17, Abb. 21; The Yorck Project. 10.000 Meisterwerke der Malerei: Abb. 13; N.N.: Abb. 15, Abb. 16, Abb. 22, Abb. 32, Abb. 34, Abb. 38; phxart.org: Abb. 42; Website Alte Pinakothek: Abb. 47; Catharine Lorillard Wolfe Collection, Wolfe Fund, 1931: Abb. 48; National Gallery of Art: Abb. 51
Alle übrigen Abbildungen: Autoren und Verlag

Autoren und Verlag bitten alle Anregungen und Vorschläge, die dieses Lehrbuch betreffen, an folgende Adresse zu senden:
Verlag Hölder-Pichler-Tempsky GmbH, Frankgasse 4, 1090 Wien
E-Mail: service@hpt.at

2. Auflage, Nachdruck 2020 (2.01)

Schulbuchvergütung/Bildrechte: © Bildrecht GmbH/Wien
Basisdesign für Umschlag und Innengestaltung: Grieder Graphik, A-2083 Pleissing
Satz: Type & Publisch KG, Ing. Ingrid Eder, A-2345 Brunn am Gebirge

Coverbild: Akademie des Platon ➤ Abb. 7, S. 7
Druck: Brüder Glöckler GmbH, Wöllersdorf
ISBN 978-3-230-04650-5

Vorwort

Der Lehrplan sieht für die 8. Klasse zu den Modulen **„Suche nach Sinn und Glück“** (Latein-Langform) bzw. **„Formen der Lebensbewältigung“** (Latein-Kurzform) lateinische Texte aus dem Bereich der antiken Philosophie mit dem Schwerpunkt Ethik vor. Die vorliegende Ausgabe bietet daher eine Reihe von Texten unterschiedlicher Länge und unterschiedlichen Schwierigkeitsgrades an, die den jeweiligen sprachlichen Möglichkeiten der Schülerinnen und Schüler entgegenkommen sollen.

Die thematisch vorgegebene Ausrichtung auf ethische Texte berücksichtigt in erster Linie die Intentionen der auf Lebensbewältigung ausgerichteten römischen Philosophie, wie sie sich vornehmlich in den Texten Senecas darstellen.

Einem kurzen Überblick über die Geschichte der antiken Philosophie und ihrer Systematik folgen in sieben Themengruppen je nach Bedarf auswählbare Texte, die, auf Grundlehren der antiken Ethik basierend, die Bewältigung konkreter Lebenssituationen sprachlich und interpretatorisch nachvollziehbar erscheinen lassen.

Ausgangspunkt bildet die erste Textgruppe (➤ T 1–10), die von verschiedenen Gesichtspunkten aus die **„Philosophie als Lebensgestalterin und Lebenshilfe“** grundsätzlich beleuchtet. – Das der Ethik zu Grunde liegende allgemeine Menschenbild der Antike soll, erweitert durch einen Humanistentext, im zweiten Abschnitt (➤ T 11–18) durch Texte zur **„Stellung des Menschen im Kosmos / Wesensbestimmung des Menschen“** vorgestellt werden. – In Themengruppe 3 (➤ T 19–22) mit dem Titel **„Schicksalsbestimmung und Zufall: *fatum und fortuna*“** wird die seit der Antike bis heute problematische Frage nach der Schicksalsabhängigkeit des Menschen angesprochen. – Die alle Menschen betreffende Vergänglichkeit und Begrenztheit der Lebenszeit bilden das an gegensätzlichen römischen Begriffen aufgezeigte Thema der Gruppe 4 (➤ T 23–29) **„Sinnvoller Umgang mit der Zeit: *otium und negotium*“**. – Welche Wege zu der von allen Menschen angestrebten Glückseligkeit in der antiken Philosophie angeboten werden, zeigt die um einen Humanistentext erweiterte Gruppe 5 (➤ T 30–34) **„Wege zum glückseligen, sinnerfüllten Leben“**. – Neben grundsätzlichen Einsichten zu einer sinnerfüllten Lebensbewältigung des Einzelmenschen bedarf es aber auch positiver, nachahmbarer wie negativer, zu vermeidender Beispiele, von denen einige Möglichkeiten in der Gruppe 6 (➤ T 35–43) **„Formen der Lebensbewältigung“** vorgestellt werden. – Der allgemeinen und unübersehbaren Vergänglichkeit des Menschen ist das Thema **„Grenzsituationen des Lebens: Krankheit und Tod“** der Gruppe 7 (➤ T 44–50) gewidmet, die antike Beispiele zu ihrer Bewältigung, erweitert um einen therapeutischen Vorschlag aus dem Humanismus, anbietet.

Jede Textgruppe ist in der Anzahl der Texte begrenzt. Einerseits durch die Vorgaben des Lehrplans, andererseits durch praktische Erwägungen in der Frage des Umfangs. Trotzdem hoffen die Autoren, mit dieser Ausgabe einem *multum, non multa* entsprochen zu haben.

Der **Anhang** wurde mit der 2. Auflage durch **eine Sammlung kompetenzorientierter Übungen** zu einzelnen Texten des Lehrbuchs ergänzt. Die Aufgabenstellungen orientieren sich an den Vorgaben der standardisierten Arbeitsanweisungen und Formate für die Interpretationstexte, die bei der neuen **standardisierten und kompetenzorientierten schriftlichen Reifeprüfung** aus Latein zum Tragen kommen (SKRP, gültig ab dem Schuljahr 2014/15; siehe https://www.srdp.at), unter Berücksichtigung des Kompetenzmodells für Latein. Die kompetenzorientierten Übungen bieten Schülerinnen und Schülern Gelegenheit, sich außerhalb des eigentlichen Unterrichts gut mit den Formaten für die schriftliche Leistungsbeurteilung vertraut zu machen. In der Unterrichtsarbeit steht grundsätzlich die mündliche Arbeit mit und an den Texten im Vordergrund. Die Arbeitsaufgaben sind so gestaltet, dass sie auch dann sinnvoll zum Einsatz gebracht werden können, wenn die jeweiligen Texte im Unterricht vollständig übersetzt und anhand der Vertiefungsfragen analysiert wurden. Somit kann jeder der in der Sammlung enthaltenen Texte nach dem Ermessen der Lehrperson sowohl als Übersetzungstext als auch als Interpretationstext behandelt werden.

Hinweise zur Verwendung des Buches

Neben den jeweiligen Texten befinden sich am Rand **Hinweise zur Übersetzung** (Vokabel- und Konstruktionserläuterungen).

Im Anschluss an den Text folgt der eigentliche **Kommentar** mit literaturkundlichen, historischen und kulturhistorischen Informationen sowie Vergleichstexten. Dieser Kommentar sollte ebenso wie die Übersetzungshinweise für eine Sinn erfassende Arbeit am Text herangezogen werden und ist auch eine wesentliche Hilfe für die Beantwortung der Interpretationsfragen, die daran anschließen.

Der **Aufgabenteil (Vertiefung)** umfasst neben den Interpretationsfragen weiterführende Arbeitsaufgaben, Fragen mit Gegenwartsbezug sowie Querverbindungen zu anderen Unterrichtsfächern und Eigenbezügen der Schülerinnen und Schüler. Die **kompetenzorientierten Übungen** im Anhang machen mit den Formaten für die schriftliche Leistungsbeurteilung nach der neuen standardisierten und kompetenzorientierten Reifeprüfung vertraut.

Die Zitierweise, auch der Eigennamen, entspricht im Wesentlichen der **Zitierweise des „Stowasser"**. Die abgekürzten Werktitel der antiken lateinischen Texte entsprechen der Zitierweise des „Thesaurus linguae Latinae".

Zeichenerklärung:

➤ Querverweis

<...> Textergänzung als Übersetzungshilfe

Abkürzungen

abh. = abhängig
abl. = Ablativ
abl. abs. = ablativus absolutus
abl. comp. = ablativus comparationis
abl. mensurae = ablativus mensurae
abl. originis = ablativus originis
abl. qualitatis = abl. qualitatis
acc. = Akkusativ
AcI = accusativus cum infinitivo
adv. = Adverb
coni. = Konjunktiv
coni. dubitativus = coniunctivus dubitativus
coni. plusqu.perf. = Konjunktiv Plusquamperfekt
coni. prohibitivus = coniunctivus prohibitivus
dat. = Dativ
dat. auctoris = dativus auctoris
dat. commodi = dativus commodi
erg. = ergänze
ET = Ergänzungstext
f. = femininum
gen. = Genetiv
gen. part. = genetivus partitivus
gen. poss. = genetivus possessivus
gen. qual. = genetivus qualitatis
h. = hier
K = Kommentar
m. = masculinum
med. pass. = mediopassiv
med. Inf. = medialer Infinitiv
n. = neutrum
part. coni. = participium coniunctum
pass. = passiv
PFA= Partizip Futur aktiv
pl. = Plural
PPA = Partizip Präsens aktiv
rel. Anschluss = relativer Anschluss
subst. Infinitiv = substantivierter Infinitiv
T = Text
unpers. = unpersönlich
V = Vertiefung
V. = Vers
Z. = Zeile

Inhalt

Einleitung

Der nachfolgende kurze Überblick kann und will keine umfassende Einführung zu den Perioden der antiken Philosophie bieten. Er soll im Sinne der vorgegebenen Textauswahl zur gedanklichen Welt der der römischen Philosophie entnommenen lateinischen Texte hinführen. Unter diesem Aspekt ist auch zu verstehen, was über die griechische Philosophie gesagt wird, obwohl ohne Zweifel die Philosophie der gesamten Antike im Grunde genommen immer griechisch geprägt ist.

I. Die griechische Philosophie

1. Die Anfänge

Trotz mancher Einflüsse der umliegenden Kulturen des Vorderen Orients und Ägyptens ist die Philosophie die eigenständige Leistung des frühen griechischen Denkens, das sich ab dem ausgehenden 7. Jh. v. Chr. hauptsächlich im östlichen Mittelmeerraum entwickelte. Ausschlaggebend dafür war die zunehmende Tendenz, die Welt und ihre Erscheinungsformen bewusst zu hinterfragen. Hatte man bisher Weltanschauung und menschliche Existenz in den eher vagen Vorstellungen religiös-magischen Kultes und mythologischer Erzählungen ausgedrückt, so entwickelte sich jetzt zunehmend ein „Streben nach Wissen und Erkenntnissen", wie man den Begriff Philosophie für diesen Zeitraum übersetzen kann. – Erst für spätere Zeit sollte die geläufige, aus den Wortbestandteilen *φιλ / phil und *σοφία / sophia abgeleitete Übersetzung „Liebe zur Weisheit", lat. *studium sapientiae*, gelten.

In der Geschichte der antiken Philosophie bezeichnet man die Philosophen dieser ersten Periode als **Vorsokratiker** (etwa Ende 7. bis Mitte 5. Jh. v. Chr.), an die, beginnend mit den **Sophisten** und **Sokrates**, die Periode der **attischen Philosophie** (etwa Mitte 5. bis Ende 4. Jh. v. Chr.), anschließt.

Die Vorsokratiker

Kennzeichnend für die Philosophen dieser Gruppe ist die Frage nach dem Ursprung (ἀρχή / arché) aller Dinge und der Welt. Hier sind zunächst die jonischen Naturphilosophen zu erwähnen, benannt nach ihrem Wirkungsraum, im kleinasiatischen Jonien:

*Abb. 1: **Thales von Milet**, Vatikanische Museen, Musensaal: Römische Marmorkopie einer Büste des 4. Jhs. v. Chr.*

Thales von Milet (ca. 625–548/5 v. Chr.) sah im Wasser den Ursprung und das Endziel des Alls: Alle Dinge entstünden aus Verfestigung des Wassers und würden durch Verflüssigung wiederum zu Wasser. Sein Schüler **Anaximandros von Milet** (ca. 610–545 v. Chr.) sah die ἀρχή / arché im Grenzenlosen, dem ἄπειρον / ápeiron, das alterslos, unvergänglich und unverderblich vor aller Stofflichkeit liege, allumfassend sei und aus sich eine Vielzahl erfassbarer Gegensätze aussondere. **Anaximenes von**

Milet (ca. 585–525) setzte als bestimmte räumlich-stoffliche ἀρχή / arché die Luft (ἀήρ / aér) an, allerdings mit den Eigenschaften der Unbegrenztheit und Beweglichkeit.

Abb. 2: ***Pythagoras****, Neapel, Archäologisches Nationalmuseum: Bronzebüste aus der Villa dei Papiri in Herculaneum; Abguss einer Statue um 360–350 v. Chr.*

Nach **Pythagoras von Samos** (ca. 580–497/6 v. Chr.) benannten sich die Pythagoreer, eine religiös organisierte Bruderschaft, die sich, einem Orden ähnlich, auf den Meister eingeschworen und zu einer ernsthaften religiös-sittlichen Lebensführung verpflichtet hatte. Ihre religiöse Lehre war vom Dogma der Seelenwanderung und der Vergeltung nach dem Tod bestimmt, aus der sich die Ansicht der Verwandtschaft des Menschen mit den Tieren und konsequenterweise die Enthaltung von tierischer Nahrung ergab. – Noch im Rom der ausgehenden römischen Republik und der frühen Kaiserzeit fielen diese Ansichten auf fruchtbaren Boden, da man in ihnen altrömische Tugenden und Vorzüge wie Mäßigkeit, Einfachheit, Gesundheit des Leibes und der Seele u.a. wiederfinden konnte. **Herakleitos von Ephesos** (ca. 550–480 v. Chr.) vertrat in Weiterentwicklung einer pythagoreischen Lehre die ewige Veränderung und den ewigen Fluss der Dinge (➤ T 24, S. 49 f., wo Ovid das Zitat vom Fluss aller Dinge in die Rede des Pythagoras [!] einbaut).

Leukippos von Milet (geb. um 480 v. Chr.) und dessen Schüler **Demokritos von Abdera** (ca. 460–380/70 v. Chr.) gelten als Begründer der **Atomistik**. Sie vertraten eine mechanistische Welterklärung, die auf den Prinzipien des Vollen (ἄτομα / átoma) und des Leeren (κενόν / kenón) aufbaut. In der Ethik besteht das höchste Gut in der Glückseligkeit (εὐδαιμονία / eudaimonía), die sich so definiert:

> Das Beste für den Menschen ist, sein Leben so viel wie möglich wohlgemut und so wenig wie möglich missmutig zu verbringen. Dies wird aber dann der Fall sein, wenn man nicht am Sterblichen seine Lust findet.
>
> *VS 68 B 189*

2. Die attische Philosophie

Die Sophisten

Die Persönlichkeit und Leistung des Sokrates für die Philosophie wird man kaum richtig einschätzen können, wenn man nicht eine Gruppe von Philosophen näher betrachtet, die ihr Interesse von der Naturphilosophie auf rechts-, sprach- und staatsphilosophische Fragen richteten: die Sophisten. Der Begriff σοφιστής / sophistés bezeichnet grundsätzlich einen „kenntnisreichen, sachkundigen Mann“, der sein Wissen auch weiterzugeben bereit ist. Doch schon vor Platon wurde das Wort pejorativ auf umherziehende streitbare Wanderredner angewendet, die sich ihre Lehrtätigkeit in den Bildungsfächern und in „Lebenstüchtigkeit“ (= ἀρετή / areté) mit klingender Münze abgelten ließen. Fest steht aber, dass die Sophisten eine anthropologische Wende in der Philosophie herbeiführten, die Sokrates in der ihm eigenen Methode besonders herausstellte und förderte. Als Aufklärer entsprachen sie zu ihrer Zeit den gesellschaftlichen Bedürfnissen, vor allem der Jugend, und gewannen großen Einfluss auf Politik, Bildungswesen und Literatur.

Protagoras von Abdera (ca. 485–415 v. Chr.) gilt durch seine Aussage, er wisse nicht, ob es Götter gebe, als „Agnostiker" (= „nicht Erkennender") und wurde weiters durch seine Anschauung berühmt, der Mensch sei das „Maß aller Dinge" *(Homo-mensura*-Satz). **Prodikos von Keos** (ca. 470/60–399 v. Chr.) ist berühmt durch den Mythos von Herakles am Scheidewege, in dem sich der Held zwischen der üppigen Lasterhaftigkeit (κακία / kakía) und der bescheidenen Tugend (ἀρετή / areté) zu Gunsten der Letzteren entscheidet. **Antiphon aus Athen** (ca. 480–414 v. Chr.) übte Kritik an der geltenden Rechtsordnung und an der unselbstständigen Stellung der Frauen und entwickelte eine „Kunst der Schmerzlosigkeit" (τέχνη ἀλυπίας / téchne alypías), in der er Argumente zur Bewältigung des Traueraffekts anbot und damit zu einem Vorläufer der Stoiker und der antiken Trostliteratur wurde.

Sokrates *(ca. 470–399 v. Chr.)*

Abb. 3: ***Sokrates****, Neapel, Archäologisches Nationalmuseum: so genannte Farnesische Herme, Marmor*

Sokrates selbst hat nichts Schriftliches hinterlassen. Was wir heute von ihm und seiner philosophischen Methode wissen, ist in erster Linie durch Platons Dialoge vermittelt, in denen freilich Sokratisches und Platonisches nicht mehr zu unterscheiden sind. Sokrates tritt bei Platon zwar immer als Sieger gegen die Sophisten auf, hat aber doch unübersehbare Gemeinsamkeiten mit ihnen wie die Kritik am überlieferten Götterglauben, die Abwendung von naturphilosophischen Fragen, seine intensive Beschäftigung mit anthropologischen und ethischen Fragen (➤ T 3 zur „Sokratischen Wende", S. 17 f.). Sokrates führt zum philosophischen Denken hin durch das „entbindende Zwiegespräch", die Kunst der „Maieutik" („Hebammenkunst"), wie er sie nach dem Beruf seiner Mutter Phainaréte bezeichnete. Gerade in der Auseinandersetzung mit den vermeintlich so viel wissenden Sophisten vertritt er mit der ihm eigenen Ironie die paradox klingende Ansicht, dass sein Wissen im Nichtwissen bestehe (➤ T 4 und 5, S. 19 ff.).

Seine Methode bedient sich der Induktion und der Definition: Ausgehend von der Hinterfragung einer einzelnen Erscheinungsform eines Dinges gelangt er zur Bestimmung von dessen Wesen und Begriff. Hat man einzelne Fälle z. B. von Tugenden hinterfragt, so gelangt man damit zur Wesens- und Begriffsbestimmung der Tugend überhaupt. Aus dieser Erkenntnis lassen sich allgemein gültige Aussagen treffen, die dem Subjektiven entzogen sind. Tugend ist somit objektiv wertvoll, man kann das Gute erkennen und das als nicht wertvoll Erkannte – das Schlechte – ablehnen. Die Tugend ist lehr- und lernbar und wird zur Grundlage jeglichen moralischen Handelns.

Vorbildhaft für nachkommende Zeiten war sein Verhalten gegenüber der Ungerechtigkeit des athenischen Staates und seiner Richter im Prozess des Jahres 399 v. Chr., in dem er zum Tode verurteilt wurde, ebenso seine Unerschütterlichkeit, mit der er auf seinen Tod zuging (➤ T 45 und 46, S. 88 ff.). Überzeugt von seinem sittlich richtigen Verhalten im Leben, nämlich immer nach Tugend und Wissen gestrebt zu haben, vertritt er nach Platons Zeugnis im Dialog ***„Phaidon"*** am letzten Tag seines Lebens seinen Freunden zum Trost den Glauben an die Unsterblichkeit der Seele, die im Tode losgelöst vom Körper glücklich weiter lebt.

Abb. 4: Platon, *Paris, Louvre: römische Marmorkopie nach griechischem Original*

Platon *(428/7–348/7 v. Chr.)*

Platon, aus einer wohlhabenden aristokratischen Familie in Athen stammend und hoch gebildet, wurde stark von der Persönlichkeit des Sokrates beeinflusst. In den Dialogen, die Platon wenige Jahre nach der Hinrichtung seines hochgeschätzten Lehrmeisters zu schreiben begann, nimmt dieser eine dominante Rolle in der Behandlung und Lösung philosophischer Fragen ein. Dazu kommen Einflüsse aus anderen philosophischen Schulen wie der der Pythagoreer, mit deren Lehre und Schulorganisation er schon während seiner ersten Bildungsreise (390–388 v. Chr.) in Unteritalien bekannt wurde. Davon angeregt gründete er 388/7 v. Chr. in Athen eine eigene Schule, die Akademie. Sie war über rund 1000 Jahre das wohl berühmteste Bildungszentrum der Antike. An dieser Akademie studierten auch viele Römer, bis sie im Jahre 529 n. Chr. vom christlichen Kaiser Justinian I. als Hochburg der „heidnischen" Bildung und Forschung endgültig geschlossen wurde.

Ein nicht zu übersehendes Merkmal platonischer Philosophie ist ihre literarisch kunstvolle Darbietung, die eine Lehre in Form eines Gesprächs entwickelt, sie jedoch nicht systematisch präsentiert. Gerne bedient er sich zur Stützung seiner Thesen nicht direkt nachweisbarer Tatsachen, sondern greift spekulativ zum Mythos als einer Form der wahrscheinlichen Geschichte oder der Fiktion (im Gegensatz zur historischen Wahrheit). Seine Ideenlehre geht davon aus, dass die vom Menschen mit den Sinnesorganen wahrnehmbaren und veränderlichen Erscheinungsformen der Dinge nur Spiegel- oder Abbilder vermitteln. Über ihnen stehen die unveränderlichen „Ideen" (von εἶδος / eîdos: Aussehen, Gestalt, Form; lat. *forma*) als vollkommene und ewige Urbilder der Dinge. Auch ethische Werte wie etwa die vier Kardinaltugenden Weisheit, Gerechtigkeit, Tapferkeit und Besonnenheit sind begründet in einem Reich absoluter, unantastbarer, unveränderlicher und ewiger Ideen, unter denen die „Idee des Guten" (= ἰδέα τοῦ ἀγαθοῦ / idéa toû agathoû) den höchsten Rang einnimmt. Der Mensch hat die Möglichkeit, durch die Seele die Ideen zu erkennen und an ihnen Anteil zu nehmen, da sie diese vor dem Eintritt in den Körper im Jenseits gesehen hat und sich wieder an sie erinnern kann: mythisches Bild von der Wiedererinnerung („Anamnesis-Lehre"). Die Seele ist im Körper gleichsam „eingekerkert" – eine Vorstellung, die Platon von den Pythagoreern übernommen hat –, daher wird der leibliche Tod als Erlösung gesehen (➤ T 45, S. 88).

Die Nachwirkung Platons auf die Philosophie und das Geistesleben aller folgenden Epochen ist unübersehbar und unbestritten. Besonders hervorzuheben ist die Pflege der platonischen Philosophie in Florenz nach der Eroberung von Byzanz / Konstantinopel (1453 n. Chr.) im Freundeskreis des Humanisten Marsilio Ficino (1463–1499), unter dem Namen „Platonische Akademie" (➤ Einleitung zu T 14, S. 32 f.).

Die kleineren sokratischen Schulen

Zu ihnen gehört **Antisthenes** (ca. 455–360 v. Chr.), der Begründer der Schule der **Kyniker** – so benannt nach dem Gymnasion Kynósarges, in dem er lehrte. Er vertrat die Ansicht, dass die Tugend das einzige Gut und zur Glückseligkeit sonst nichts nötig sei – ein Gedanke, der von der Stoa wieder aufgegriffen wird. Die älteren Kyniker lehnten wie der Antisthenes-Schüler **Diogenes von Sinope** (ca. 404–323 v. Chr.) in Übertreibung der Selbstgenügsamkeit (αὐτάρκεια / autárkeia) jede gesellschaftliche Konvention und die herkömmliche Moral ab, wobei sie selbst vor der provozierenden Verletzung geltender Anstandsregeln nicht zurückschreckten.
Nachwirkung auf spätere Entwicklungen hatte **Aristippos von Kyrene** (ca. 435–366 v. Chr.), der die Lehre des **Hedonismus** (von ἡδονή / hedoné = Lust) begründete. Für den Menschen seien nur seine subjektiven Empfindungen gewiss, so dass nur sie Richtlinie für das Handeln liefern, dessen Ziel das Hervorrufen angenehmer Empfindungen („Lust") sein müsse. Die Glückseligkeit eines ungestörten Lebens erreiche der Mensch, wenn er sich mit Vernunft über den Zwang der Verhältnisse hinwegsetze, ohne dabei „ein Sklave des Luststrebens" zu sein. – Die Grundlinien der aristippischen Lustlehre bestimmen später Epikurs Lustlehre.

Aristoteles (384–322 v. Chr.)

Abb. 5: Aristoteles, *Wien, Kunsthistorisches Museum, Antikensammlung: claudische Marmorkopie nach einer Erzstatue, die Alexander d. Gr. seinem Lehrer nach 330 v. Chr. weihte*

Aristoteles aus Stageira (auf der Halbinsel Chalkidike in Nordgriechenland) gehörte der Akademie bis zu Platons Tod im Jahre 348/7 v. Chr. an. Nach seinem Ausscheiden wirkte er zunächst in Kleinasien, bis er 343/2 von König Philipp II. von Makedonien als Erzieher seines Sohnes Alexander – des späteren Königs Alexander des Großen – berufen wurde. Im Jahre 335 errichtete er dann seine eigene Schule im Lykeion von Athen mit dem Charakter einer Forschungsstätte. – Die Bezeichnung seiner Schüler als **Peripatetiker** (von griech. περιπατεῖν / peripateîn: umhergehen) leitet sich davon ab, dass Aristoteles im Gegensatz zu den Leitern anderer Schulen im Auf- und Abgehen gelehrt haben soll.
Die Leistung des Aristoteles besteht darin, sich in der Philosophie von der Spekulation zur empirischen Forschung gewendet zu haben. In seinen Vorlesungen behandelte er systematisch die einzelnen Gebiete der Philosophie, die er dann in Schriften zur Logik, zur Natur und Metaphysik (die uns geläufige Unterscheidung der Seins-Stufen: Gott – Mensch – Tier – Unbelebtes stammt von Aristoteles), zur Ethik, zur Politik sowie zur Rhetorik und Poesie niederlegte. In seiner Methodik hat er großen Einfluss auf die abendländische Wissenschaftsgeschichte ausgeübt.

3. Die hellenistische Philosophie

Unter dieser Bezeichnung versteht man „philosophische Richtungen und Schulen im Zeitalter der so genannten ‚hellenistischen' Staatssysteme ungefähr vom Tod Alexanders des Großen (323 v. Chr.) bis zum Untergang des Ptolemäerreiches in Ägypten (30 v. Chr.)" (Gawlick-Görler).

Sie weisen eine Reihe von Gemeinsamkeiten auf: die Bindung an Athen, einen Lehrbetrieb unter der Leitung eines Schulhauptes (σχολάρχης / scholárches), die stärkere Ausbildung dogmatischer Lehrsätze, den Rückgriff auf eine ältere Schule, in der Philosophie die Verlagerung des Schwerpunkts der Teilgebiete von Physik und Logik (oder Erkenntnistheorie) auf die Ethik. Die Ethik richtet sich infolge der Veränderung der politischen Verhältnisse (die Nachfolgestaaten des Alexander-Reiches waren Militärdiktaturen) und sozialen Strukturen an die Einzelperson, die zunehmend vereinsamt und des Rates und Trostes bedarf.
Von den hellenistischen Philosophenschulen hat in Rom anfänglich, in der Mitte des 1. Jhs. v. Chr., der **Epikureismus** besonderen Einfluss, dann dominiert vom Ende des 1. Jhs. v. Chr. bis in das 2. Jh. n. Chr. der **Stoizismus**, wobei der Skeptizismus der **„Mittleren Akademie"** allmählich vordringt, während in der römischen Spätantike der **Neuplatonismus** vorherrscht.

Epikuros von Samos *(342/1–271/70 v. Chr.)*

Abb. 6: Epikur, *Neapel, Archäolog. Nationalmuseum: Bronzestatue aus Herculaneum, Villa dei Papiri*

Epikur wurde 342/1 auf Samos als Sohn eines athenischen Bürgers geboren. Philosophisch seit früher Jugend interessiert, begann er mit 30 Jahren zunächst in Kleinasien zu lehren, wo sich ein Freundeskreis um ihn bildete, der ihm zeitlebens treu verbunden blieb. Die intensive Pflege der Freundschaft und des Zusammenhalts ist eines der wichtigen Merkmale der epikureischen Gemeinschaft. Um 305 kam er nach Athen, wo er ein Gartengrundstück (κῆπος / kêpos, auch die Bezeichnung der Schule nach der Örtlichkeit) erwarb und den Lehrbetrieb aufnahm. Obwohl von der Athener Gesellschaft anerkannt, hielt er sich von jeder politischen Tätigkeit fern und starb im Alter von 72 Jahren nach langer Krankheit, die er tapfer ertragen hatte.
Von seinem Schrifttum sind drei Briefe lehrhaften Inhalts erhalten. Im Brief an Menoikeus vermittelt er die Grundsätze seiner Ethik:

- Die richtige Vorstellung von den Göttern besteht darin, sie als unvergängliche und glückselige Wesen zu sehen, die in Zwischenwelten leben und sich um die Menschen nicht kümmern. Die Furcht vor den Göttern entsteht aus den falschen Göttervorstellungen der von Religion und Aberglauben fehlgeleiteten Menge.
- Der Tod nimmt dem Menschen jede Empfindung und ist daher nicht zu fürchten; trotzdem ist das Leben für den Weisen lebenswert – nicht infolge langer Dauer, sondern aus intensiv erlebter Lust.
- Lust (ἡδονή / hedoné) zu empfinden ist das höchste Ziel menschlichen Lebens und zeigt sich in der Unerschütterlichkeit (ἀταραξία / ataraxía) der Seele und Gesundheit des Körpers. Diese Glückseligkeit (εὐδαιμονία / eudaimonía) kann dauernd bewahrt werden, auch wenn man bisweilen Unlust zu ertragen hat, um dann umso größere Lust zu erreichen (➤ T 32, S. 64).

Weiters erhalten sind die Hauptlehrsätze (Κύριαι δόξαι /Kýriai dóxai, lat. *„Ratae sententiae"*), eine Art Katechismus der Lehren Epikurs in Form von 40 Sätzen, und das *„Gnomologium Vaticanum"*, eine epikureische Spruchsammlung in 81 Sätzen.
In Rom hat Epikur, abgesehen von der befreienden Naturlehre des Lukrez, vor allem durch seine in der Ethik zum Ausdruck kommende Lebensweisheit als Mittel zu konkreter Lebensbewältigung nachgewirkt, so in der Dichtung des Horaz und in den Briefen Senecas.

Die Stoa

Die einflussreichste hellenistische Philosophenschule ist benannt nach der „bunten Halle“ (Στοὰ ποικίλη / Stoà poikíle) an der Agora in Athen, in der sie ihren Sitz hatte. Sie wurde dort um 300 v. Chr. begründet von **Zenon von Kition** (auf der Insel Zypern; ca. 333/32–262/1 v. Chr.), der mit seinen Nachfolgern in der Schulleitung **Kleanthes von Assos** (in der Troas; ca. 331/330–230/29) und **Chrysippos von Soloi** (im kleinasiatischen Kilikien; ca. 281/77–208/04 v. Chr.) zu den Hauptvertretern der **„Alten Stoa“** zu zählen ist. In der Nachfolge der Kyniker sahen sie in der Natur den Inbegriff aller Dinge. Die Zielformel eines sittlich guten und glückerfüllten Lebens besteht darin, „in Übereinstimmung mit der Natur zu leben“ (➤ T 30, S. 60 f.). In der Naturphilosophie, die auf Heraklit zurückgeht, „spielt die Idee der universalen Gesetzmäßigkeit die entscheidende Rolle“ (Röd). Das in allem waltende Weltgesetz ist identisch mit der Weltvernunft, die die Stoiker als λόγος / lógos bezeichnen. Der stoische Weise hat Einsicht in die gesetzmäßigen Zusammenhänge des Weltablaufs, die ihm in der Lebensführung zur Selbstgenügsamkeit (αὐτάρκεια / autárkeia) und zur Unempfindlichkeit gegenüber Affekten (ἀπάθεια / apátheia) verhelfen. Im Gegensatz zu Epikur, dessen Ethik in erster Linie auf die Glückseligkeit des Einzelmenschen ausgerichtet ist, bleibt der Weise nicht isoliert von Familie, Staat und Gesellschaft, in denen er wirken, aber nicht völlig aufgehen soll (➤ T 34, S. 65 f.). Der Weise ordnet sich in den Gesamtzusammenhang des Kosmos ein, er soll sich als Weltbürger (κοσμοπολίτης / kosmopolítes) fühlen (➤ T 15, S. 35).

Auf die römische Philosophie, vor allem auf Cicero und Seneca, hatten zwei Philosophen, die der **„Mittleren Stoa“** angehörten, nachhaltigen Einfluss: **Panaitios von Rhodos** (ca. 185/80–110/09) und **Poseidonios von Apameia** in Syrien (ca 135–51 v. Chr.).

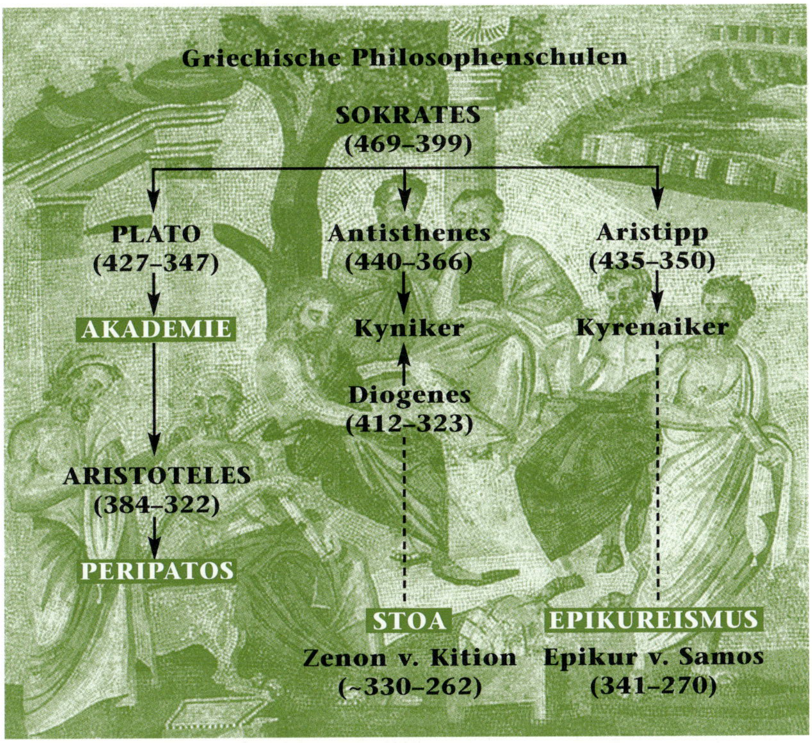

***Abb. 7: Griechische Philosophenschulen**, Stemma v. Eva Fussl; im Hintergrund: **Akademie des Platon**, Neapel, Archäologisches Nationalmuseum: Mosaik aus Torre Annunziata, aus vespasianischer Zeit* ➤ *Coverbild*

II. Die Philosophie bei den Römern

Einbürgerung

In Rom herrschte lange Zeit inhaltliches Unverständnis gegenüber Errungenschaften der griechischen Kultur, so auch gegenüber der Philosophie. Man stand dem „Import" aus Griechenland skeptisch bis feindlich gegenüber. M. Porcius Cato Maior (234–149 v. Chr.) z. B. befürchtete durch ihre Verbreitung eine negative Beeinflussung der römischen Jugend. Ein Beispiel für das Misstrauen bietet die Philosophengesandtschaft des Jahres 155 v. Chr., in deren Rahmen die prominentesten Schulhäupter die Interessen Athens in Rom vertreten sollten. Als sie neben ihrer politischen Mission auch Kostproben aus ihrem Lehrprogramm darboten, erregte dies solches Aufsehen, dass sie Rom überstürzt verlassen mussten.

Durch die römische Expansion in den Osten kamen jedoch einzelne führende Römer im Dienste der Republik zunehmend mit der Kultur und Geisteswelt Griechenlands in Kontakt, wodurch sich allmählich eine aufgeschlossenere Haltung durchsetzen konnte. Doch noch zu Zeiten Ciceros gab es genügend Leute, die die Beschäftigung mit der Philosophie entweder total ablehnten oder ihr gegenüber sehr distanziert waren.

Grundsätzlich ist festzustellen, dass die Römer keine eigenständigen philosophischen Systeme entwickelt haben. Selbst wenn sie sich schwerpunktmäßig für eine griechische Schule entschieden haben und sich ihr zurechnen, übernehmen sie auch aus anderen verwertbares Gedankengut und fügen es ohne große Bedenken in ihre Ausführungen ein: Sie sind **„Eklektiker"** (von griech. ἐκλέγεσθαι / eklégesthai = für sich auswählen). Als z. B. der Dichter Horaz den Entschluss fasst, sich für die Zukunft vornehmlich um eine sittlich gute Lebensführung zu sorgen, teilt er seinem Briefadressaten Maecenas mit:

> Und damit du mich nicht etwa fragst, unter wessen Führung, in wessen Haus ich Schutz suche: keinem habe ich mich verpflichtet, auf des Meisters Worte zu schwören. (epist.1,1,13 f.)

Das wesentliche Anliegen der römischen Philosophie ist es, griechische philosophische Theorie in die von Tradition geprägte Lebenspraxis umzusetzen.

Für die Rezeption griechischer Philosophie in Rom bedurfte es auch der Umsetzung philosophischer Terminologie in die lateinische Sprache. Daher ist die Leistung der Römer besonders anzuerkennen, dies in hervorragender Weise bewältigt und eine über die Jahrtausende hin wirkende **lateinische philosophische Terminologie** geschaffen zu haben. Zu nennen sind hier vor allen **T. Lucretius Carus** (ca. 97–55 v. Chr.), der die Grundgedanken von Epikurs Hauptwerk „Über die Natur" (Περὶ Φύσεως / Perì phýseos) in das hexametrische Lehrgedicht ***„De rerum natura"*** übertrug, M. Terentius Varro, M. Tullius Cicero und L. Annaeus Seneca.

M. Terentius Varro (116–27 v. Chr.) ist in diesem Zusammenhang zu erwähnen, weil er nach dem Zeugnis Ciceros durch sein umfangreiches Schrifttum die Römer erst so eigentlich das Wissen um ihre Vergangenheit, Geschichte und Kultur lehrte. Er schuf außerdem durch sein Werk „**Über die Bildungsfächer – *Disciplinarum libri novem***" ein auch für das spätere römische Bildungswesen fundamentales Werk, indem er die sieben Fächer der aus dem Griechischen übernommenen umfassenden Bildung (ἐγκύκλιος παιδεία / Enzyklopädie) – die drei Wortwissenschaften Grammatik, Rhetorik, Dialektik („Dreiweg / *Trivium"*) und die vier Zahlenwissenschaften Arithmetik, Geometrie, Musik und Astronomie („Vierweg / *Quadrivium"*) – mit den traditionellen römischen Fächern Medizin und Architektur vereinte. Diese Konzeption der *disciplinae / artes liberales* (= Wissenschaften, die des „freien" Mannes würdig sind) wirkt über die Spätantike hinaus bis in die Strukturen der frühen Universitäten und teilweise bis heute nach. (Siehe auch ➤ Abb. 38, S. 71.)

M. Tullius Cicero *(106–43 v. Chr.)*

Abb. 8: Cicero, *Florenz, Uffizien: Marmorkopie des Kopfes aus flavischer Zeit von einer öffentlichen Ehrenstatue um 60/50 v. Chr.*

Cicero, aus Arpinum im südöstlichen Latium stammend, genoss in Rom eine sehr gediegene Ausbildung, die ihm, obwohl er als *homo novus* aus einer Familie ohne beamtete Vorfahren stammte, eine erfolgreiche Karriere *(cursus honorum)* bis zum Konsulat im Jahre 63 v. Chr. ermöglichte. Er selbst war von seinen Leistungen für die Republik völlig überzeugt, musste aber in den Bürgerkriegszeiten nach Caesars Ermordung (44 v. Chr.) sein freimütiges Auftreten für die Wiederherstellung der früheren Senatsherrschaft und gegen Antonius, einen der neuen Machthaber, Ende des Jahres 43 v. Chr. mit seinem Leben bezahlen.
Schon früh zeigte Cicero neben seiner Ausbildung zum Redner und Politiker Interesse an der Philosophie, so auch während einer Griechenlandreise (78–77 v. Chr.), wo er u. a. in Athen Vorlesungen des Akademikers Antiochos von Askalon (ca. 120–68 v. Chr.) hörte, der seine Schule „durch die Zusammenschau der altakademischen, stoischen und peripatetischen Tradition zum echten Platonismus zurückzuführen" (Büchner) versuchte. Nicht zuletzt durch dessen Eklektizismus angeregt, ging Cicero in seinen philosophischen Werken einen ähnlichen Weg.
Die frühere Beschäftigung mit der Philosophie kam Cicero in den Zeiten seines Lebens zugute, in denen er infolge der politischen Verhältnisse isoliert und zur Inaktivität im Staate gezwungen war, zunächst in den Jahren nach seiner Verbannung (58 v. Chr.) und Rückkehr (57 v. Chr.; „erste *Otium*-Phase"), in denen die erste Gruppe seiner philosophischen Werke erschien: **„Über den Redner – *De oratore*"** – 3 Bücher, in denen er um die philosophisch-ethische Fundamentierung der Rhetorik bemüht ist, dann **„Über den Staat – *De re publica*"** – 6 Bücher, in denen es in der Nachfolge Platons um die beste Staatsform geht, schließlich **„Über die Gesetze – *De legibus*"** – 3 Bücher über die auf Natur und Gesetzen gründende Rechtsordnung (➤ T 11 und 12, S. 28 ff.).
Die „zweite *Otium*-Phase" fällt in die Zeit der Alleinherrschaft Caesars ab dem Jahre 46 v. Chr., in die auch private Probleme wie die Scheidung von seiner Gattin Terentia und der Tod der Tochter Tullia (Februar 45 v. Chr.) fallen. Philosophie zu betreiben bedeutet in der Notzeit für Cicero einerseits persönlichen Trost, andererseits auch den Anreiz, wenigstens durch Vermittlung von Wissensinhalten der römischen Gesellschaft nützlich zu sein (➤ T 28, S. 56 f.).
Es empfiehlt sich an dieser Stelle, Cicero selbst über seine philosophische Schriftstellerei sprechen zu lassen, wenn er sich angesichts seiner schwierigen Situation überlegt *(De divinatione* 2,1–4):

> (1) […] Da fiel mir nichts Bedeutsameres ein, als den Mitbürgern die Zugänge zu den vortrefflichsten Wissenschaften zu eröffnen; und dies glaube ich auch bereits in einer Mehrzahl von Werken erreicht zu haben. So ermunterte ich, so gut ich es konnte, zur Beschäftigung mit der Philosophie in dem Buch, das den Titel **„*Hortensius*"** trägt (➤ T 6, S. 22 f.). Die Art zu philosophieren, die ich einerseits als am wenigsten anmaßend erachte, andererseits als am meisten in sich gefestigt und sachgerecht, zeigte ich in den vier Büchern **„*Academica*"** auf. (2) Und da die Bestimmung des äußersten Guten und des äußers-

ten Schlechten die Grundlage der Philosophie bildet, wurde dieses Thema von mir in fünf Büchern – **„Über das höchste Gut und das größte Übel – *De finibus bonorum et malorum*"** – gründlich abgehandelt, damit man erkennen könne, was sich aus der Sicht jedes Philosophen und was sich gegen jeden Philosophen vorbringen lässt. Es folgten ebenso viele Bücher **„Gespräche in Tusculum – *Tusculanae disputationes*"**: Sie legten dar, welcher Dinge man zum glücklichen Leben am meisten bedarf. Das erste befasst sich mit der Geringschätzung des Todes, das zweite mit dem Ertragen von Schmerz, das dritte mit der Linderung von Kummer, das vierte mit den übrigen Affekten; das fünfte schließlich gilt jenem Thema, das die Philosophie insgesamt am meisten erhellt: Es lehrt nämlich, dass zum glücklichen Leben die Sittlichkeit sich selbst genügt. (3) Nach der Behandlung dieser Gegenstände vollendete ich die drei Bücher **„Über das Wesen der Götter – *De natura deorum*"**, in denen alle Fragen über dieses Thema erörtert werden. Damit diese Fragestellung aber vollkommen und restlos abgeschlossen sei, ging ich daran, in den vorliegenden Büchern **„Über die Wahrsagung – *De divinatione*"** zu schreiben; und wenn ich ihnen noch, wie ich beabsichtige, ein Buch **„Über das Schicksal – *De fato*"** anschließe, dann wird diesem ganzen Fragenkreis reichlich Genüge getan sein. [...]

Cicero nennt in diesem Zusammenhang auch die **„Trostschrift – *Consolatio*"**, die er nach dem Tod seiner Tochter in der Tradition der antiken Trostliteratur an sich selbst richtete, die Schrift **„Über das Alter – *Cato Maior de senectute*"** und seine rhetorischen Schriften **„Brutus – *De claris oratoribus*"**, eine Geschichte der römischen Beredsamkeit bis auf seine Zeit, sowie **„Der Redner – *Orator*"**, der philosophisch gebildet sein und die drei Stilarten der Rede beherrschen müsse. Noch nicht erwähnt sind das Werk **„Über die Freundschaft – *Laelius de amicitia*"** (➤ T 35, S. 68) und die Pflichtenlehre ***„De officiis"*** (➤ T 28, S. 56 f.). Cicero hat die Aufgabe, die griechische Philosophie in Rom zu vermitteln, mit der ihm eigenen sprachlichen Meisterschaft und Beherrschung der lateinischen Sprache für alle Zeiten nachwirkend bewältigt. Doch geht es ihm nicht nur um die kenntnismäßige Vermittlung der griechischen Gedankenwelt, sondern um jene typisch römische Auffassung und Wertung der Philosophie, nach der sie in erster Linie der Lebensbewältigung des einzelnen Menschen dienstbar sein müsse – wie dies dann ein Jahrhundert später bei Seneca noch deutlicher sein wird.

L. Annaeus Seneca *(ca. 1 v. Chr.–65 n. Chr.)*

Seneca, der bedeutendste römische Stoiker, stammte als Sohn des römischen Ritters und Rhetoriklehrers Seneca aus Corduba in Südspanien, studierte in Rom und war dort anschließend erfolgreich als Anwalt tätig. Seine Lehrer waren der Stoiker und rigorose Moralist Attalos, der der einzigen genuin römischen Philosophenschule der Sextier angehörige Papirius Fabianus und der Pythagoreer Sotion.

Von Jugend an krankheitsanfällig – er dachte deswegen zeitweilig sogar an Selbstmord –, hielt Seneca sich dann eine Zeit lang in Ägypten auf, wo er unter der Pflege seiner Tante mütterlicherseits gesundete. Nach seiner Rückkehr nach Rom in den Jahren 31/32 n. Chr. erlangte er die Quästur und damit den Eintritt in den Senat. Durch seine Erfolge als Redner erregte er die Eifersucht des Kaisers Caligula (37–41 n. Chr.), und nur seine Kränklichkeit soll ihn vor dem Todesurteil bewahrt haben. Knapp nach dem Regierungsantritt des Claudius (41–54 n. Chr.) wurde Seneca aufgrund einer Intrige der damaligen Kaisergattin Messalina nach Korsika verbannt, von wo er erst nach deren Verurteilung zum Tod und auf Betreiben der vierten Ehegattin des Claudius, Agrippina, im Jahre 48 zurück berufen wurde. Nach den bitteren Jahren der Verbannung, die er vor allem durch die Beschäftigung mit Philosophie und Wissenschaften bewältigte, wurde er Erzieher des Prinzen Nero und nach dessen Machtübernahme im Jahre 54 n. Chr. auch dessen enger Berater in Regierungsangelegenheiten. Die ersten fünf Jahre der Herrschaft

Neros *(quinquennium Neronis)* bis zum Jahre 59 n. Chr. konnte Seneca gemeinsam mit dem Gardepräfekten Afranius Burrus maßgeblich in positivem Sinne beeinflussen. Nach dem Muttermord Neros an Agrippina und dem Tod des Burrus kam es zunehmend zur Entfremdung zwischen Seneca und dem Kaiser und schließlich zum befohlenen Selbstmord *(imperata mors)* des Philosophen im Jahre 65 n. Chr., den der Historiker Tacitus, voller Bewunderung der Gelassenheit im Angesicht des Todes, in seiner ganzen Dramatik ausführlich schildert (Annalen 15, 61–64 ➤ ET 12, S. 87). So ordnet sich der Tod Senecas in die Reihe der *„magnae mortes"* ein, zu denen auch der des Sokrates oder der des Caesargegners und römischen Stoikers M. Porcius Cato Uticensis (46 v. Chr.) zählt.

***Abb. 9: Porträtbüste des Seneca**, Berlin, Staatliche Museen, Antikenabteilung; Kopie aus dem 3. Jh., Original ca. 50/60 n. Chr. Die Doppelherme stellt Seneca und Sokrates dar – beide ein Beispiel für die Todesverachtung der Weisen.*

Senecas Leben mit seinen Höhen an der Macht und seinen Tiefen in persönlichen Katastrophen war allem Anschein nach besonders dazu angetan, ihn die Philosophie als den einzig zielführenden Weg zu richtiger Lebensbewältigung verstehen und predigen zu lassen. Die direkte und zupackende Methodik und Rhetorik wollen Mittel zur eigenen wie zu fremder Seelenleitung sein und bedienen sich daher häufig der therapeutischen Vorgangsweise, wie sie die kynisch-stoische Popularphilosophie, aber auch die Praxis der epikureischen Ethik zur Bewältigung von Lebenssituationen des Einzelnen angeboten haben.

Aus dem reichen literarischen Schaffen Senecas sollen nachfolgend nur diejenigen philosophischen Prosaschriften näher angeführt werden, in denen die angesprochene Methode besonders augenfällig ist. Hier sind zunächst die zwölf **Dialoge** zu nennen. Es handelt sich hierbei allerdings nicht, wie die Bezeichnung *„dialogi"* vermuten ließe, um echte philosophische Dialoge nach dem Vorbild Platons, sondern vielmehr um Abhandlungen (Traktate) zu philosophischen Einzelthemen. Das dialogische Element kommt lediglich im Auftreten eines meist anonymen Zwischenredners *(fictus interlocutor)* zum Ausdruck, der mit seinen kurzen Einwürfen auf die Gedankenführung Senecas einwirkt. Unter diesen Abhandlungen finden sich die **Trostschriften** an Marcia (➤ T 48 und 49, S. 94 ff.) und an Senecas philosophisch sehr gebildete Mutter Helvia (➤ T 39, S. 75 f.). Aus der Zeit um etwa 52 n. Chr. stammen die Dialoge **„Über die Kürze des Lebens – *De brevitate vitae*"** (➤ T 27, S. 53 ff. und 34, S. 65 f.) und **„Über das glückselige Leben – *De vita beata*"** (➤ T 9, S. 26 und 30, S. 60 f.) und schließlich **„Von der Seelenruhe – *De tranquillitate animi*"** (dial. 9). In die Spätzeit Senecas gehören die beiden Dialoge **„Über die Muße – *De otio*"** (➤ T 15, S. 35) und **„Über die Vorsehung – *De providentia*"** (➤ T 20, S. 44 f.). Die 124, auf 20 Bücher aufgeteilten, **„Briefe an Lucilius über Ethik – *Ad Lucilium epistulae morales*"**, verfasst in den letzten Lebensjahren Senecas, stellen sein Hauptwerk und moralphilosophisches Vermächtnis dar. Obwohl die Briefe an einen konkreten Adressaten gerichtet sind, will Seneca in ihnen als seelenleitender Lehrer und Erzieher der Menschheit *(generis humani paedagogus:* epist. 89, 13) einen weiteren Personenkreis in Form

von Einzelthemen schrittweise zur beständigen Einübung moralphilosophischer Einsichten anregen, die dem Einzelnen in der Selbstfindung (➤ dazu T 26, S. 52 f.) eine sittlich gute Lebensführung ermöglichen. Das Erziehungsprogramm ist grundsätzlich an den Lehren der Stoa orientiert, doch werden immer wieder im Sinne eines praxisorientierten Eklektizismus Vorschläge anderer Schulen, vor allem des Epikur, mit einbezogen. Seneca bietet absichtlich kein systematisches Lehrgebäude der Ethik an, sondern eine konkrete, den Einzelfällen des Lebens entsprechende Lebenskunst *(ars vitae)*: Der Leser „wird nicht mit einer dürren Systematik überfallen, sondern stufenweise zur Einsicht ins Ganze geführt“ (Maurach).
Zur Umsetzung seines therapeutischen Konzepts setzt der Autor alle ihm in Fülle zur Verfügung stehenden wirkungsvollen Kunstmittel aus der lateinischen Stilistik und Rhetorik ein: Bekannte Sinnsprüche (Sentenzen), Vergleiche (Metaphern), allgemein gültige Vorschriften *(decreta)* und konkrete Ratschläge *(praecepta)* fördern den Dialog mit dem Einzelnen und regen zur Meditation an. „Die Gestaltung der literarischen Werke dient also dem Ziel von Senecas Philosophie, der Menschenformung *(transfigurari)* und der Seelenleitung.“ Seneca macht sich die kathartische (reinigende) Wirkung eindringlicher Bilder zunutze, „wie durch den Blick in einen Spiegel zur Selbsterkenntnis zu gelangen.“ (Erler)

Nach Senecas Tod blieb die Stoa in der Literatur und im Geistesleben Roms einflussreich. Da sie auch gesellschaftspolitisch wirkte, kam es unter den Kaisern Vespasian (69–79 n. Chr.) und Domitian (81–96 n. Chr.) sogar zur Ausweisung stoischer Philosophen. Unter ihnen war u. a. der Grieche **Epiktetos** (ca. 55–135 n. Chr.), der nach seiner Verbannung aus Rom (88/89 n. Chr.) in Griechenland lehrte, und von dem ein Abriss der stoischen Lehre in griechischer Sprache, das **„Handbüchlein“** (Ἐγχειρίδιον / Encheirídion) der stoischen Moral erhalten ist (➤ ET 5, S. 43). Von ihm beeinflusst ist der „Philosophenkaiser“ **Marcus Aurelius** (121–180 n. Chr., Kaiser ab 161), der an sich selbst gerichtete Meditationen, **„Selbstbetrachtungen“** (Εἰς ἑαυτόν / „Eis heautón“) verfasste, eine Sammlung von stoisch orientierten Aphorismen.

Aurelius Augustinus *(354–430 n. Chr.)*

Augustinus, am 13. November 354 im numidischen Thagaste in Nordafrika geboren, ist nicht nur der bedeutendste lateinische Kirchenvater, sondern bildet durch die Übernahme platonischen und neuplatonischen Gedankenguts einen abschließenden Höhepunkt der römischen Philosophie.
Nach einer ersten Ausbildung in seiner näheren Heimat übernahm er im Jahre 375 in der Hauptstadt Karthago das Lehramt für Rhetorik, das er – auf der Suche nach einer persönlichen Gottesbegegnung und innerlich noch keineswegs gefestigt – bis 383 ausübte. In dieser Zeit neigte er zunächst den Manichäern zu, die eine dualistische Weltanschauung vertraten, ausgehend von einer ständigen Auseinandersetzung zwischen einem Gott der Finsternis und einem Gott des Lichtes. Als er sich mit den Anschauungen dieser Gruppe nicht mehr identifizieren konnte, trennte Augustinus sich von ihr und nahm einen Ruf auf einen Lehrstuhl für Rhetorik in Rom an, wo er sich kurzzeitig der skeptischen Richtung der Neueren Akademie zuwandte. Aber schon wenige Monate später wurde er als Rhetorikprofessor *(Magister rhetorum)* an die kaiserliche Residenzstadt Mailand berufen, wo er, nicht zuletzt auf Drängen und Vermittlung seiner Mutter Monika, dem Bischof Ambrosius begegnete. Von diesem gingen entscheidende Impulse für

den weiteren Lebensweg des Augustinus aus, vor allem durch seine neuplatonisch geprägte Auslegung der göttlichen Offenbarung in der Hl. Schrift, die schließlich zur Bekehrung zum christlichen Glauben und Taufe zu Ostern des Jahres 387 führten. Er entsagte seinem Beruf und kehrte 388 nach dem Tod seiner Mutter in Ostia in seine Heimat zurück.

Abb. 10: Benezzo Gozzoli, Der hl. Augustinus liest Rhetorik und Philosophie in Rom*; S. Gimignano, Chiesa di S. Agostino, 1465*

Obwohl er ein Leben in Zurückgezogenheit anstrebte, konnte er sich dem Wirken in der katholischen Kirche Nordafrikas nicht entziehen: Bei einem Besuch der Küstenstadt Hippo Regius im Jahre 391 äußerte der dortige alte und nur Griechisch sprechende Bischof Valerius den Wunsch nach einem sprachkundigen Prediger, worauf die Gemeinde Augustinus in dieses Amt forderte und er zum Priester geweiht wurde. Als wortgewandter Prediger und auf den afrikanischen Synoden in den Auseinandersetzungen um den rechten katholischen Glauben auftretend, wurde er 395 zum Mitbischof des Valerius geweiht und trat nach dessen Tod 396 seine Nachfolge an. Unermüdlich für die Sache des Glaubens kämpfend, übte er das Bischofsamt bis zu seinem Tod am 28. August 430 während der Belagerung von Hippo Regius durch die Vandalen aus.
Von seinem außerordentlich umfangreichen literarischen Schaffen, das Augustinus in den Jahren 426/27 selbst einer kritischen Überprüfung *(„**Retractationes**")* unterzog, sei zunächst auf die Schriften vor der Bischofsweihe hingewiesen, in denen er sich mit aus der antiken Philosophie geläufigen Themen auseinander setzt: Der Dialog **„Gegen die Akademiker – *Contra Academicos*"** handelt in Ablehnung des akademischen Skeptizismus von der Erkennbarkeit der Wahrheit, die Schrift **„Über das glückselige Leben – *De beata vita*"** hingegen davon, dass das allen Menschen eignende Bedürfnis nach Glückseligkeit nur aus der Erkenntnis Gottes kommen kann. Eine weitere Frühschrift **„Über die Ordnung – *De ordine*"** gilt der Frage nach der Weltordnung, doch wird in erster Linie ein Ordnungssystem der Bildungsfächer *(disciplinae liberales)* aufgestellt. Die **„Selbstgespräche – *Soliloquia*"** und die Schrift **„Von der Unsterblichkeit der Seele – *De immortalitate animae*"** entwickeln die augustinische Seelenlehre, die Abhandlung **„Über den freien Willen – *De libero arbitrio*"** nimmt Stellung zur Herkunft des Bösen und den Zusammenhang mit dem freien Willen, während der Dialog mit seinem Sohn Adeodatus **„Über den Lehrer – *De magistro*"** eine platonisch orientierte Lerntheorie bietet, die in der Aussage gipfelt, dass ein Verstehen nur mit Hilfe Christi, des einzig wahren Lehrers, möglich sei.
Augustins berühmtes autobiografisches Werk **„Bekenntnisse – *Confessiones*"**, verfasst zwischen Ende 397 und 401 und schon zu Lebzeiten des Autors sein am meisten gelesenes Werk, will Gott loben und Begeisterung für Gott erwecken, wie er selbst im Rückblick auf sein Leben und Werk (retr. 2,6) anmerkt: „Dies erfuhr ich, als ich sie schrieb; dies erfuhr ich, sooft ich sie

später wieder las. Es gibt viele Brüder, denen diese Bücher gefallen." Augustinus hatte auf seinem ereignisreichen, von manchen Sinnkrisen erschütterten Lebensweg bis zur Bekehrung im Jahre 386 ziemlich alle Höhen und Tiefen eines jungen Menschenlebens mitgemacht. Er hatte die Verlockungen einer sinnlich verführerischen und betäubenden Welt (➤ T 41 und 42, S. 80 ff.) genauso wie intellektuell irreführende Weltanschauungen kennen gelernt, bis er mit der Hilfe philosophischer Einsicht und der hilfreichen Gnade Gottes nach der Taufe ein gottgeführtes Leben als Priester und Bischof beginnen konnte. Gleichzeitig bekennend und Gott lobend, hat er in einer für die Antike einzigartigen Weise das Zwiegespräch mit Gott über seinen bisherigen Lebensweg so wirkungsvoll nachgezeichnet, dass dieses Werk bis heute ein viel gelesenes Werk der Weltliteratur geblieben ist.
Gewaltige Nachwirkung erzielte ebenso das apologetisch-geschichtstheologische Werk **„Vom Gottesstaat – *De civitate Dei*"** in 22 Büchern, entstanden in den Jahren 411–426 als Reaktion auf die Katastrophe der Eroberung Roms im Jahre 410 durch die Goten unter König Alarich. Im ersten Teil (Buch 1–10) rechnet Augustinus in Verteidigung des Christentums mit der paganen Götterwelt ab, der zweite Teil (Buch 11–22) stellt die Geschichte als fortwährenden Kampf zwischen der „Welt Gottes = *civitas Dei*" und der irdischen Welt, der „Welt des Teufels = *civitas diaboli*" dar.
Die Philosophie, die schon auf dem Bekehrungsweg eine wichtige Rolle gespielt hatte (➤ T 6, S. 22 f.), soll sich nach Augustinus um Gott und die Seele kümmern (*Deum et animam scire* – sol. 1,7), denn in der Gotteserkenntnis gelangt der Mensch zu seinem Ursprung und seiner Selbsterkenntnis. Dies kann der Mensch nicht aus dem Erkennen der äußerlichen Welt erreichen, sondern aus der Einkehr in sich selbst (*noli foras ire, in te ipsum redi* – vera relig. 39,72). An die Stelle der platonischen Lehre von der Wiedererinnerung der Seele tritt bei Augustinus die von der „Einstrahlung Gottes" (*Deus autem est ipse, qui inlustrat* – sol. 1,12), Lehrer des Menschen hierbei ist die Wahrheit selbst, identisch mit Christus, Gottes unveränderlicher und ewiger Weisheit (*Christus, id est incommutabilis Dei virtus et sempiterna sapientia* – mag.11,38). Am Ende eines von Glauben und Gottesliebe geprägten Lebensweges steht nach dem leiblichen Tod als Endziel die ewige Glückseligkeit in der himmlischen Heimat und in der ewigen Anschauung Gottes.

Teil I
PHILOSOPHIE ALS LEBENSGESTALTERIN UND LEBENSHILFE

Abb. 11: Raffael, Darstellung der Philosophie, *Vatikan, Stanza della Segnatura, Rundfresko auf der Decke (1509–1511) über der „Schule von Athen“*

1 text

Cicero,
Tusculanae disputationes 5, 5

Hymnus auf die Leistungen der Philosophie

Das fünfte Buch der ***„Tusculanae disputationes“*** (Gespräche auf Ciceros Landgut in Tusculum) handelt vom wahren Glück der Menschen, vom Aufschwung aus Not und Bedrohung, vom Erringen innerer Freiheit durch die Philosophie.

Nach dem Muster hellenistischer Götterhymnen preist Cicero hier die Leistungen und Hilfe der Philosophie.

5 O vitae philosophia dux,
o virtutis indagatrix[1] expultrix[2]que vitiorum!
Quid non modo[3] nos, sed omnino[3] vita hominum
sine te esse potuisset?

Tu urbes peperisti[4],
tu dissipatos[5] homines in societatem vitae convocasti[6],
tu eos inter se primo domiciliis,
deinde coniugiis[7],
tum litterarum et vocum communione[8] iunxisti.

Tu inventrix[9] legum,
tu magistra morum et disciplinae[10] fuisti.

Ad te confugimus,
a te opem petimus,
tibi nos ut antea magna ex parte,
sic nunc penitus[11] totosque tradimus.

Est autem unus dies bene et ex praeceptis[12] tuis actus
peccanti immortalitati[13] anteponendus.

Cuius igitur potius[14] opibus utamur[15] quam tuis,
quae et vitae tranquillitatem largita nobis es[16]
et terrorem mortis sustulisti[17]?

5 **1 indagatrix**, -icis f.: Erforscherin, Entdeckerin **2 expultrix**, -icis f.: Vertreiberin, Siegerin über … **3 non modo … sed omnino**: nicht nur … sondern überhaupt
4 pario 3M, peperi, partum: hervorbringen **5 dissipatus** 3: verstreut **6 convocasti** = convocavisti **7 coniugium**, -i: Ehe **8 litterarum et vocum communio**: Gemeinschaft von Schrift und Sprache
9 inventrix, -icis f.: Erfinderin **10 disciplina**, -ae: h. Wissenschaft

11 penitus (adv.): ganz und gar, völlig **12 praeceptum**, -i: Unterweisung **13 peccans immortalitas**: eine im Irrtum verbrachte Unsterblichkeit = eine Unsterblichkeit voller Verfehlungen **14 potius**: eher **15 utamur**: sollen wir verwenden **16 largior** 4, largitus sum: schenken, spenden **17 tollo** 3, sustuli, sublatum: beseitigen

1 Kommentar

Cicero,
Tusculanae disputationes 5, 5

5 O philosophia: Für den Hymnenstil kennzeichnend ist die Nennung der Gottheit, an die der Hymnus gerichtet ist. Hier wird die Philosophie personifiziert und gleichsam als Göttin vorgestellt.
vitae tranquillitas = *tranquillitas animi* = Seelenruhe: bedeutet seelische Ausgeglichenheit, Freisein von Affekten und bildet das höchste Lebensziel der hellenistischen Philosophenschulen Stoa und Epikureismus
terror mortis = Angst vor dem Tod: ein zentrales Thema der Stoa wie des Epikureismus; Texte dazu ➤ Teil VII, S. 86 ff.

1 Vertiefung

1 Welche Leistungen schreibt Cicero der Philosophie für den einzelnen Menschen, welche für die Menschheit zu?

2 Was bewirkt die Philosophie nach Ansicht Ciceros hinsichtlich der Kulturentwicklung?

2 Text

Seneca,
Epistulae morales 16, 3–5

Was leistet die Philosophie tatsächlich?

3 Non est philosophia populare artificium[1] nec ostentationi[2] paratum! Non in verbis, sed in rebus[3] est. Nec in hoc adhibetur[4], ut cum aliqua oblectatione[5] consumatur dies, ut otio dematur[6] nausia[7]: animum format et fabricat[8], vitam disponit, actiones regit, agenda et omittenda[9] demonstrat, sedet ad gubernaculum et per ancipitia fluctuantium[10] derigit cursum. Sine hac nemo intrepide[11] potest vivere, nemo secure: innumerabilia accidunt singulis horis, quae consilium exigant[12], quod ab hac petendum est.

4 Dicet aliquis: „Quid mihi prodest philosophia, si fatum est? Quid prodest, si deus rector est? Quid prodest, si casus[13] imperat? Nam et mutari certa non possunt et nihil praeparari potest adversus incerta, sed aut consilium meum occupavit[14] deus decrevitque, quid facerem, aut consilio meo nihil fortuna permittit."

3 **1 populare artificium**: eine Kunstfertigkeit, Lehre für die Masse **2 ostentatio**, -nis f.: Angeberei **3 in rebus** = in actionibus **4 in hoc adhibeo** 2: dazu verwenden **5 oblectatio**, -nis f.: Vergnügen **6 demo** 3: wegnehmen **7 nausia**, -ae: Langeweile **8 fabrico** 1: prägen **9 agenda et omittenda**: das, was zu tun und was zu unterlassen ist **10 per ancipitia fluctuantium**: durch die Gefahren der Fluten **11 intrepidus** 3: in Ruhe **12 exigo** 3: erfordern

4 **13 casus**, -us m.: Zufall **14 consilium occupare**: eine Entscheidung bestimmen

5 Quidquid est ex his, Lucili, vel si omnia haec sunt: philosophandum est! Sive nos inexorabili[15] lege fata constringunt, sive arbiter[16] deus universi cuncta disposuit, sive casus res humanas sine ordine impellit et iactat, philosophia nos tueri debet. Haec nos adhortabitur, ut deo libenter pareamus, ut fortunae contumaciter[17]; haec te docebit, ut deum sequaris, feras[18] casum.

5 **15 inexorabilis**, -e: unerbittlich, streng **16 arbiter**, -ri m.: Lenker **17 contumax**, -cis: trotzig, widerwillig **18 feras** = perferas: ertragen

2 Kommentar

Seneca, Epistulae morales 16, 3–5

4 dicet aliquis: Ein fiktiver Sprecher *(fictus interlocutor)* bringt Gegenargumente ein. Dies ist ein für Seneca typisches Gestaltungsmittel.

2 Vertiefung

1. Welche Bedenken gegen eine Beschäftigung mit der Philosophie werden vorgebracht?
2. Welche Argumente für eine Beschäftigung mit der Philosophie werden angeführt?
3. Stilanalyse: Welche auffälligen Stilmittel wendet der Autor an? Was will er dadurch bezwecken?

***Abb. 12: Albrecht Dürer, Holzschnitt** zu **Sebastian Brant, Die Lehre der Weisheit**, in: „Das Narrenschiff", Basel 1494*

Kompetenzorientierte Arbeitsaufgaben ➤ S. 100

3 Text

Cicero, Tusculanae disputationes 5, 10 f.

Der Mensch im Mittelpunkt: Die „Sokratische Wende"

10 [...] Sed ab antiqua philosophia usque ad Socratem numeri motusque[1] tractabantur, et unde omnia orerentur quove reciderent[2], studioseque ab iis[3] siderum magnitudines, intervalla, cursus anquirebantur[4] et cuncta caelestia[5].

10 **1 numeri motusque**: Zahlenverhältnisse und Bewegungsgesetze **2 recido** 3: zurückfallen, vergehen **3 ab iis** = ab antiquis philosophis **4 anquiro** 3: erforschen **5 caelestia**, -ium n. pl.: Himmelserscheinungen

Socrates autem primus philosophiam devocavit e caelo et in urbibus collocavit et in domus etiam introduxit et coegit de vita et moribus rebusque bonis et malis quaerere.

11 Cuius multiplex ratio[6] disputandi rerumque varietas[7] et ingenii magnitudo Platonis memoria et litteris consecrata[8] plura genera[9] effecit dissentientium[10] philosophorum.

11 **6 multiplex ratio**: vielseitige Art **7 rerum varietas**: die Verschiedenheit der Problemstellungen **8 Platonis memoria et litteris consecrata**: durch die Erinnerung Platons und seine Schriften unsterblich gemacht (consecrata: part. coni. zu ratio, varietas und magnitudo) **9 genus**, -eris n.: h. Schule **10 dissentio** 4: h. unterschiedlicher Meinung sein

Kommentar

Cicero,
Tusculanae disputationes 5, 10 f.

10 ab antiqua philosophia: Gemeint sind die Philosophen vor Sokrates, die Vorsokratiker (➤ Einleitung S. 1 f.).

11 Platon (428/27–348/47 v. Chr.): Schüler des Sokrates, Begründer der „Akademie" in Athen. Nach seiner Ideenlehre wird die Erscheinungswelt unserer Erfahrung von einer übersinnlichen Welt ewiger Urbilder (Ideen) überragt. Die höchste Idee ist das Gute. (➤ Einleitung S. 4)

plura genera: Gemeint sind die Philosophenschulen in der Nachfolge des Sokrates.

Vertiefung

1 Was sind die neuen Fragestellungen des Sokrates? Inwiefern unterscheiden sie sich von seinen Vorläufern?

2 Was wird über die „Methode" des Sokrates ausgesagt?

***Abb. 13: Raffael, Die Schule von Athen**, Vatikan, Stanza della Segnatura, Fresko 1509–1511*

4 **t**ext

Cicero,
Academici libri 1, 15 f.

„Ich weiß, dass ich nichts weiß“: Herausforderung und Ironie

In den nur mehr teilweise erhaltenen ***„Academici libri“*** setzt sich Cicero mit der Frage nach der besten Art zu philosophieren auseinander. Die Reste des ersten Buches geben einen Überblick über die griechischen Philosophenschulen bis auf Karneades von Kyrene (um 214–129/8 v. Chr.), der sich im Jahre 155 als Schulhaupt der platonischen Akademie mit der so genannten Athener Philosophengesandtschaft in Rom aufhielt (➤ Einleitung S. 8).

15 Socrates mihi videtur primus a rebus occultis et ab ipsa natura involutis[1], in quibus omnes ante eum philosophi occupati[2] fuerunt, avocavisse philosophiam et ad vitam communem adduxisse, ut[3] de virtutibus et vitiis omninoque de bonis rebus et malis quaereret, caelestia[4] autem vel procul esse a nostra cognitione[5] censeret vel, si maxime cognita essent, nihil tamen ad bene vivendum conferre[6].

16 Hic in omnibus fere sermonibus, qui ab iis, qui illum audierunt, perscripti varie copioseque[7] sunt, ita disputat, ut nihil affirmet ipse, refellat[8] alios, nihil se scire dicat nisi id ipsum eoque praestare[9] ceteris, quod illi, quae nesciant, scire se putent, ipse, se nihil scire, id unum sciat; ob eamque rem se arbitrari ab Apolline omnium sapientissimum esse dictum, quod haec esset una hominis sapientia, non arbitrari se scire, quod nesciat. Quae cum diceret constanter et in ea sententia permaneret, omnis eius oratio tantum[10] in virtute laudanda et in hominibus ad virtutis studium cohortandis consumebatur, ut e Socraticorum libris maximeque Platonis intellegi potest.

15 **1 involutus** 3: verhüllt, schwer verständlich **2 occupatus** 3: beschäftigt **3 ut**: explikativ = dass nämlich **4 caelestia**, -ium n. pl.: Himmelserscheinungen **5 cognitio**, -nis f.: Erkenntnis **6 ad bene vivendum conferre**: zum sittlich guten Leben beitragen

16 **7 varie copioseque**: verschiedentlich und ausführlich **8 refello** 3: widerlegen **9 eo praestare** (+ dat.): darin übertreffen **10 tantum**: nur

***Abb. 14: Sokrates und Aspasia**, Neapel, Archäologisches Nationalmuseum: Bronzerelief von einer Truhe aus Pompeji; freie Nachbildung vom Ende der Spätantike*

4 **k**ommentar

Cicero,
Academici libri 1, 15 f.

15 **ab Apolline**: durch das Orakel von Delphi ➤ ET 1, S. 20

16 **oratio**: Gemeint ist die Verteidigungsrede des Sokrates vor seinen Richtern (➤ T 46, S. 90 f.).

Socraticorum libri: Schriften der Sokrates-Schüler

E1 text

Platon,
Apologie 20e–21 b; d

Sokrates spricht: „Ihr kanntet ja alle den Chairephon. [...] Ihr wißt ja, was für ein Mann er war und wie ungestüm er sich für eine Sache einsetzen konnte. Das tat er auch, als er nach Delphi kam. Er erkühnte sich, dem Orakel folgende Frage zu stellen – aber jetzt keine Protestrufe, ihr Männer, was ich auch sagen werde! Er fragte also, ob jemand weiser sei als ich. Die Pythia antwortete, daß niemand weiser sei. Diese Antwort wird euch sein Bruder bestätigen können; denn Chairephon selber ist ja gestorben. [...]

Als ich den Orakelspruch gehört hatte, überlegte ich folgendermaßen hin und her: „Was meint wohl der Gott, und was ist der Sinn seines rätselhaften Ausspruchs? Denn ich bin mir doch weder im Großen noch im Kleinen einer besonderen Weisheit bewußt. Was meint er denn, wenn er behauptet, ich sei der Weiseste? Er lügt doch nicht; denn das ist ihm nicht erlaubt." [...]

Sokrates stellt nach der Prüfung eines als weise geltenden Atheners fest: Beim Weggehen aber sagte ich zu mir: „Verglichen mit diesem Menschen, bin ich doch weiser. Wahrscheinlich weiß ja keiner von uns beiden etwas Rechtes; aber der glaubt, etwas zu wissen, obwohl er es nicht weiß; ich dagegen weiß zwar auch nichts, glaube aber auch nicht, etwas zu wissen. Um diesen kleinen Unterschied bin ich also offenbar weiser, daß ich eben das, was ich nicht weiß, auch nicht zu wissen vermeine."

Übers. v. Rudolf Rufener, Platon. Die großen Dialoge. Zürich/München: Artemis & Winkler, 1991

4 Vertiefung

1 Mit welchen Fragen hat sich Sokrates vornehmlich beschäftigt?

2 Welche Einstellung hat Sokrates zur Naturwissenschaft?

3 Reflexion: Sind Naturwissenschaften und Ethik streng getrennte Bereiche oder gibt es Berührungspunkte?

4 Auf welcher Einsicht beruht die „Sokratische Ironie"?(➤ ET 1)

***Abb. 15: Pier Francesco Mola** (1612–1666), **Sokrates mit dem Spiegel**, Lugano, Museo Civico di Belli Arti, Ölgemälde*

5 text

Nicolaus Cusanus,
Apologia doctae ignorantiae
(S. 523 Gabriel)

Worin zeigt sich das Nichtwissen des Sokrates?

Nikolaus von Kues (Nicolaus Cusanus, 1401–1464) stammte aus Kues an der Mosel und genoss eine hervorragende Ausbildung, u. a. auch in hebräischer und griechischer Sprache. Seine geistliche Laufbahn fand ihren Höhepunkt in der Ernennung zum Kardinal der römischen Kurie (1448). Er war langjähriger Freund des Humanisten Enea Silvio Piccolomini, des nachmaligen Papstes Pius II. (1458–1464). Cusanus starb 1464 in Todi und wurde in Rom in der Kirche S. Pietro in Vincoli beigesetzt. Von seinen zahlreichen Schriften gilt als bekannteste sein philosophisches Werk **„Von der wissenden Unwissenheit – *De docta ignorantia*"**, 1440 in drei Büchern verfasst: Cusanus geht davon aus, dass menschliches Wissen nichts als Vermutung sei und die Erkenntnis Gottes daher auf Einsicht, Intuition und mystischer Spekulation beruhen müsse. Gott stehe jenseits dieser Welt und ihrer Erscheinungen; da er aber ihr Grund sei, müssten in ihm alle Gegensätze zusammenfallen *(coincidentia oppositorum)*.

In den Jahren 1442/43 griff der Heidelberger Theologieprofessor Johannes Wenck in der Schrift **„Von der unbekannten Literatur – *De ignota litteratura*"** die Ansichten des Cusanus heftig an. Erst 1449 verfasste Cusanus daraufhin die **„Verteidigung der wissenden Unwissenheit – *Apologia doctae ignorantiae*"**, eine Entgegnung in Form eines Schülerbriefes, in dem ein Schüler einem anderen den (fiktiven) Dialog wiedergibt, den er mit seinem Lehrer (Cusanus) über die Angriffe auf ***„De docta ignorantia"*** geführt hatte. Der Lehrer gibt sich dem Angreifer überlegen: Er bezeichnet ihn als törichten und äußerst unverschämten Mann, der sich unberechtigterweise Magister der Theologie nenne.

Quaerebam ego, in quo Athenienses Socrates praecellerat[1]. Respondit: „Quia se scivit ignorantem; ceteri autem, qui se aliquid egregii scire gloriabantur[2], cum multa ignorarent, non se sciebant ignorantes. Ex Delphico oraculo testimonium sapientiae suae ob hoc sortitus est[3] Socrates."

Et ego: „Dic, quaeso, praeceptor[4], quae comparatio[5] fuit scientiae Socratis ad ceteros."

Et ille: „Quasi scientia videntis ad scientiam caeci[6] de solari[7] claritate. Potest enim caecus aliquis multa audisse[8] de solis claritate atque quod[9] tanta sit, quod comprehendi nequeat[10], credens se per ea, quae sic audivit, scire aliqua de solis claritate, cuius tamen habet ignorantiam.

Videns vero de solis claritate, quanta sit, interrogatus respondit se ignorare et huius ignorantiae scientiam habet, quia, cum lux solo visu attingatur[11], experitur solis claritatem visum excellere[12]."

Sic plerosque, qui se scientiam theologiae habere iactant[13], caecis comparavit.

1 **1 praecello** 3: übertreffen **2 glorior** 1: sich rühmen
5 **3 testimonium sortiri**: die Bestätigung bekommen **4 praeceptor**, -is: Lehrer **5 comparatio**, -nis f.: h. Verhältnis
10 **6 caecus** 3: blind **7 solaris**, -e: zur Sonne gehörig, Sonnen- **8 audisse** = audivisse **9 quod** (faktisch): dass
15 **10 nequeo**, -is, -ire: nicht können
20 **11 visu attingo** 3: mit dem Gesichtssinn berühren **12 excello** 3: h. weit übertreffen **13 iacto** 1: prahlen, sich brüsten

***Abb. 16: Nicolaus von Kues**, Ausschnitt aus dem Altarbild in der Kapelle des von ihm gestifteten St. Nikolaus Hospitals in Bernkastel-Kues, Deutschland, um 1460 n. Chr.*

5 Kommentar

Nicolaus Cusanus,
Apologia doctae ignorantiae
(S. 523 Gabriel)

6 ex Delphico oraculo: ➤ ET 1, S. 20

5 Vertiefung

1 Wie beschreibt Cusanus das Nichtwissen des Sokrates?

2 Erläutere den Sonnen-Vergleich.

6 Text

Augustinus,
Confessiones 3, 4, 7

Umorientierung des Lebens durch philosophische Lektüre: Ciceros *„Hortensius"*

Cicero hat in der nur mehr fragmentarisch erhaltenen Schrift *„Hortensius"*, benannt nach dem bedeutenden Redner Q. Hortensius Hortalus (114–50 v. Chr.), seinem oftmaligen Rivalen ein literarisches Denkmal gesetzt. Sie beinhaltet eine Aufforderung *(„Protreptikos")* zum Studium der Philosophie und eröffnet die Reihe seiner philosophischen Schriften der Jahre 45–44 v. Chr.

Augustinus schildert an dieser Stelle seiner **„Bekenntnisse – *Confessiones*"** (➤ Einleitung zu T 41, S. 80) die nachhaltige Wirkung der *„Hortensius"*-Lektüre auf seinem Bekehrungsweg, auf die er später noch einmal zu sprechen kommt (➤ ET 2, S. 23).

4,7 Imbecilla[1] tunc aetate discebam libros eloquentiae, in qua eminere[2] cupiebam fine[3] damnabili et ventoso[4] per gaudia vanitatis[5] humanae; et usitato[6] iam discendi ordine perveneram in librum cuiusdam Ciceronis, cuius linguam fere omnes mirantur, pectus[7] non ita. Sed liber ille ipsius exhortationem[8] continet ad philosophiam et vocatur ‚Hortensius'.

Ille vero liber mutavit affectum[9] meum et ad te ipsum, Domine, mutavit preces meas et vota ac desideria mea facit alia. Viluit[10] mihi repente omnis vana spes et immortalitatem sapientiae concupiscebam[11] aestu[12] cordis incredibili et surgere coeperam, ut ad te redirem. Non enim ad acuendam[13] linguam, quod[14] videbar emere maternis mercedibus[15], cum agerem an-

4,7 **1 imbecillus** 3: ungefestigt **2 emineo** 2: herausragen **3 finis**, -is m.: Ziel **4 ventosus** 3: h. unbeständig **5 vanitas**, -atis f.: Nichtigkeit **6 usitatus** 3: üblich, gewohnt **7 pectus**,-oris n.: h. Gesinnung **8 exhortatio**, -nis f.: Aufforderung, Ermunterung

9 affectus, -us m.: Einstellung **10 vilesco** 3, vilui: bedeutungslos werden **11 concupisco** 3: verlangen, begehren **12 aestus**, -us m.: h. Leidenschaft **13 acuo** 3: schärfen **14 quod** = was: bezieht sich auf ad acuendam linguam **15 maternae mercedes**: von der Mutter geleistetes Schulgeld

num aetatis undevicesimum iam defuncto patre[16] ante biennium, non ergo ad acuendam linguam referebam[17] illum librum, neque mihi locutionem[18], sed, quod loquebatur, persuaserat[19].

16 defuncto patre (abl. abs.): nach dem Tod des Vaters **17 refero**, -ferre: h. verwenden **18 locutio**, -nis f.: (Form der) Sprache **19 mihi ... persuaserat**: ... es (= das Buch) hatte mich überzeugt

E2 text

Augustinus,
Confessiones 8, 7, 17

Denn viele Jahre meines Lebens waren nun schon zerronnen, zwölf Jahre etwa, seit Ciceros *Hortensius* in meinem neunzehnten Lebensjahr die Weisheitsliebe in mir entfacht hatte, aber ich verschob es immer, das irdische Glück zu verachten und mich ganz freizumachen für die Suche nach der Weisheit, bei der doch schon das bloße Suchen und nicht erst das Finden mehr wert ist als alle Schätze und Königreiche dieser Welt und als die Befriedigung üppiger Lüste des Körpers, selbst wenn sie auf einen Wink hin sich einstellten.

Übers. v. K. Flasch u. Burkard Mojsisch, Augustinus. Bekenntnisse. Stuttgart: Reclam 1989

Abb. 17: Benezzo Gozzoli, Der hl. Augustinus liest die Paulusbriefe *(„Garten-/Bekehrungsszene"); S. Gimignano, Chiesa di Agostino, 1465*

6 Vertiefung

Kompetenzorientierte Arbeitsaufgaben ➤ S. 100

1 Weshalb fühlte sich der junge Augustinus zur Cicero-Lektüre hingezogen? Welche innere Wandlung vollzog sich in ihm?

2 Was lässt sich anhand der beiden Textstellen (➤ T 6, ET 2) über den Inhalt des *„Hortensius"* sagen?

7 text

Seneca,
Epistulae morales 37, 3–5, gek.

Der Weg zu innerer Freiheit

3 „Quomodo ergo" inquis „me expediam[1]?" – Effugere non potes necessitates[2], potes vincere. Fit via vi! Et hanc viam tibi dabit philosophia. Ad hanc te confer[3], si vis salvus esse, si securus[4], si beatus, denique si vis esse, quod est maximum, liber. Hoc contingere[5] aliter non potest!

3 **1 expedio** 4: freimachen **2 necessitas**, -atis f.: h. Zwang **3 se conferre**: sich begeben **4 securus** 3: sorglos **5 contingit**, -ere (unpers.): gelingen

4 Humilis[6] est stultitia, abiecta[7], sordida[8], servilis[9], multis affectibus et saevissimis subiecta[10]. Hos tam graves dominos[11], interdum alternis[12] imperantes, interdum pariter[13], dimittit a te sapientia, quae sola libertas est. Una ad hanc fert via, et quidem recta: non aberrabis. Vade certo gradu[14]: si vis omnia tibi subicere[10], te subice rationi! Multos <affectus> reges, si ratio te rexerit: ab illa disces, quid et quemadmodum aggredi debeas. [...]

5 [...] Turpe est non ire, sed ferri[15] et subito in medio turbine[16] rerum stupentem[17] quaerere: „Huc ego quemadmodum veni?“

4 **6 humilis**, -e: niedrig **7 abiectus** 3: verworfen **8 sordidus** 3: schmutzig **9 servilis**, -e: sklavisch **10 subicio** 3M, -ieci, subiectum: unterwerfen **11 hos graves dominos**: diese (be)lastenden Herrn: gemeint sind die Affekte **12 alternis** (adv.): abwechselnd **13 pariter**: gleichzeitig **14 gradus**, -us m.: Schritt

5 **15 ferri** (med.): h. sich treiben lassen **16 turbo**, -inis m.: Wirbel **17 stupens**, -entis: verblüfft

Seneca, Epistulae morales 37, 3–5, gek.

7 Kommentar

3 **Fit via vi!**: Seneca zitiert wörtlich Vergil, *„Aeneis“* 2, 494, aus dem Bericht über das gewaltsame Eindringen der Griechen in den Palast des Trojanerkönigs Priamos.

7 Vertiefung

Kompetenzorientierte Arbeitsaufgaben ➤ S. 101

1. Mit welchen Adjektiven beschreibt Seneca die innere Freiheit des Menschen?
2. Welche Metapher setzt der Autor für die drückende Last der Affekte ein?
3. Klassendiskussion: Wie könnten äußere Zwänge überwunden werden?

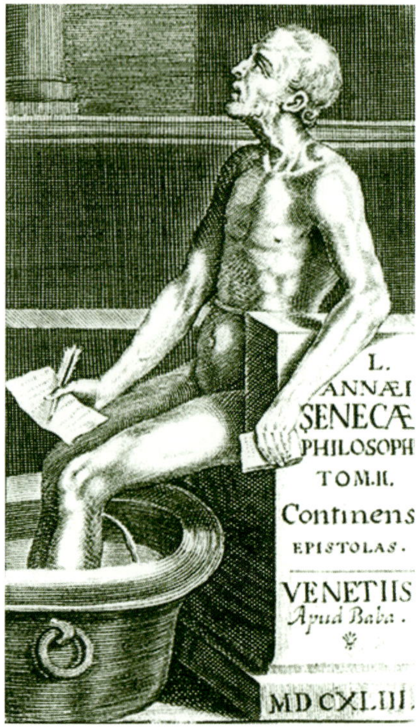

***Abb. 18: Seneca**, Epistulae: Titelblatt der Ausgabe Venedig 1643*

8 Text

Seneca, Epistulae morales 95, 29–31; 33 f., gek.

Philosophie wider den Zeitgeist

29 [...] Philosophia fuit aliquando simplicior inter minora peccantes[1] et levi quoque cura remediabiles[2]: adversus tantam morum eversionem[3] omnia conanda sunt. Et utinam sic denique lues[4] ista vincatur!

30 Non privatim solum, sed publice furimus[5]! Homicidia[6] compescimus[7] et singu-

29 **1 inter minora peccantes**: unter Menschen, die weniger sich vergingen **pecco** 1: sündigen, sich vergehen **2 remediabilis**, -e: heilbar **3 eversio**, -nis f.: Zerrüttung **4 lues**, -is f.: Seuche

30 **5 furo** 3: h. Wahnsinnstaten verüben **6 homicidium**, -i: Mord, Totschlag **7 compesco** 3: ahnden

las caedes: quid[8] bella et occisarum gentium gloriosum scelus? Non avaritia, non crudelitas modum novit! Et ista quamdiu[9] furtim[10] et a singulis fiunt, minus noxia[11] minusque monstruosa[12] sunt: ex senatus consultis[13] plebisque scitis[14] saeva exercentur et publice iubentur vetata privatim[15]!

31 Quae clam commissa[16] capite luerent[17], tum quia paludati[18] fecere, laudamus. Non pudet[19] homines, mitissimum[20] genus, gaudere sanguine alterno[21] et bella gerere gerenda[22]que liberis tradere, cum[23] inter se etiam mutis[24] ac feris[25] pax sit! [...]

33 Voluptas ex omni quaeritur. Nullum intra se manet vitium: in avaritiam luxuria praeceps est[26]. Honesti oblivio[27] invasit. Nihil turpe est, cuius placet pretium. [...]

34 In hac ergo morum perversitate desideratur solito[28] vehementius aliquid, quod mala inveterata discutiat[29]: Decretis[30] agendum est, ut revellatur penitus[31] falsorum recepta persuasio[32]. His[33] si praecepta[34], consolationes, adhortationes adiunxerimus, poterunt valere: per se inefficaces sunt.

8 quid: aber wie steht es mit ...? **9 quamdiu**: solange **10 furtim**: heimlich **11 noxius** 3: schädlich, sträflich **12 monstruosus** 3: ungeheuerlich, abscheulich **13 senatus consultum**, -i: Senatsbeschluss **14 plebis scitum**, -i: Volksbeschluss **15 vetata privatim**: was im Privatbereich verboten ist

31 **16 commissum**, -i: Vergehen **17 capite luere**: mit dem Kopf bezahlen **18 paludatus** 3: im Soldatenmantel **19 pudet** 2 (+ acc. der Person) sich schämen **20 mitis**, -e: mild, sanft **21 sanguis alternus**: h. gegenseitiges Blutvergießen **22 <bella> gerenda**: die Kriegsführung **23 cum** adversativum **24 mutus** 3: stumm, sprachlos **25 fera**, -ae: (wildes) Tier

33 **26 praeceps esse**: geneigt sein **27 oblivio**, -nis f.: Vergessen

34 **28 solito** (abl. comp.): als gewöhnlich **29 mala inveterata discutere**: eingewurzelte Übel beseitigen **30 decretum**, -i: h. Lehrsatz **31 penitus revello** 3: h. völlig ausrotten **32 falsorum recepta persuasio**: h. mit falschen Ansichten belastete Überzeugung **33 his**: erg. decretis **34 praeceptum**, -i: Vorschrift

Seneca,
Epistulae morales 95, 29–31; 33 f., gek.

8 Kommentar

29 philosophia fuit aliquando: In früheren Zeiten lebten die Menschen einfacher und anspruchsloser, die Anforderungen an die Philosophie waren daher wesentlich geringer als in den jetzigen Zeiten der Sittenverfalls.

33 voluptas ex omni quaeritur: Zusammenfassung der vorangehenden Beschreibung von Zeiterscheinungen, zu deren Bewältigung ein verstärkter Einsatz der Philosophie erforderlich ist.

8 Vertiefung

1 Worin bestehen für Seneca die hauptsächlichen Erscheinungsformen des zeitgenössischen Sittenverfalls? Liste sie auf.

2 Wie lautet die zusammenfassende Bewertung der Zeiterscheinungen? Gib sie in eigenen Worten wieder.

3 Welche Hilfestellungen kann man in dieser Situation von der Philosophie erwarten? Unter welchen Voraussetzungen werden sie wirksam werden?

9 text

Seneca,
Dialogus 7 (= De vita beata), 18, 1 f.; 20, 1

Lehre und Leben der Philosophen – ein Widerspruch?

18,1 „Aliter“ inquis „loqueris, aliter vivis.“ Hoc Platoni obiectum est[1], obiectum Epicuro, obiectum Zenoni. Omnes enim isti dicebant, non quemadmodum ipsi viverent, sed quemadmodum esset ipsis vivendum. – De virtute, non de me loquor, et cum vitiis convicium facio[2], imprimis meis facio: cum potuero, vivam, quomodo oportet[3].

18,2 Nec malignitas[4] me ista multo veneno[5] tincta[6] deterrebit ab optimis[7]. Ne virus quidem istud, quo alios spargitis[8], quo vos necatis, me impediet[9], quominus[10] perseverem[11] laudare vitam, non quam ago, sed quam agendam scio[12], quominus virtutem adorem et ex intervallo[13] ingenti reptabundus[14] sequar. [...]

20,1 „Non praestant[15] philosophi, quae loquuntur!“ – Multum tamen praestant, quod[16] loquuntur, quod[17] honesta mente concipiunt: utinam quidem si et[18] paria dictis agerent[19], quid esset illis[20] beatius? Interim non est, quod[21] contemnas bona verba et bonis cogitationibus plena[22] praecordia[23]. Studiorum salutarium etiam citra effectum[24] laudanda tractatio est[25].

18,1 **1 obicio** 3M, -ieci, -iectum: vorwerfen **2 convicium facere** (+ dat.) etwas tadeln **3 oportet** 2 (unpers.): es gehört sich

18,2 **4 malignitas**, -atis f.: Bösartigkeit **5 venenum**, -i: Gift **6 tinguo** 3, tinxi, tinctum: beflecken, tränken **7 optima**, -orum: h. die besten Absichten **8 spargo** 3: h. anstecken **9 impedio** 4: hindern **10 quominus**: dass **11 persevero** 1: fortfahren, fortsetzen **12 quam agendam** <esse> **scio** (AcI im Relativsatz): von dem ich weiß, dass ich es führen muss **13 intervallum**, -i: h. Abstand **14 reptabundus** 3: mit unsicherem Schritt

20,1 **15 praesto** 1: leisten **16 quod** (faktisch): dass **17 quod honesta mente concipiunt** (Relativsatz): was sie in ehrenhafter Geisteshaltung ersinnen **18 utinam quidem si et** (= etiam): wenn doch auch **19 paria dictis agere**: den Worten (= den Lehren) entsprechend handeln **20 illis** = abl. comp. **21 non est, quod ...**: es gibt keinen Grund, dass ... **22 plenus** 3 (h. + abl.): voll von ... **23 praecordia**, -orum: Herz **24 citra effectum**: ohne Wirkung, ohne Erfolg **25** Lies: **tractatio studiorum salutarium ... laudanda est**: Die Beschäftigung mit heilbringenden Studien ist ... zu loben.

9 kommentar

Seneca,
Dialogus 7 (= De vita beata), 18, 1 f.; 20, 1

Werkbeschreibung des Dialogs ***„De vita beata“*** ➤ Einleitung zu T 30, S. 60. Im zweiten Teil des Traktats (17–28) setzt sich Seneca mit dem gegen ihn erhobenen Vorwurf auseinander, die von ihm vertretene Lehre stimme nicht mit seiner Lebensführung überein.

Platon, Epikur, Zenon: Seneca stellt sich in eine Reihe mit den prominenten Schulhäuptern, denen derselbe Vorwurf gemacht wurde.

9 **Vertiefung**

Kompetenzorientierte Arbeitsaufgaben ➤ S. 102

1. Mit welchen Argumenten versucht Seneca den Vorwürfen des *fictus interlocutor* (➤ K 2, S. 17) entgegen zu treten?
2. Inwiefern kann der vorliegende Text mit Senecas Biografie (➤ Einleitung S. 10 ff.) in Verbindung gebracht werden?

10 **text**

Seneca,
Epistulae morales 75, 4 f.

Übereinstimmung von Wort und Leben

4 Haec sit propositi nostri summa[1]: quod sentimus, loquamur, quod loquimur, sentiamus; concordet[2] sermo cum vita. Ille promissum suum implevit[3], qui[4], et cum videas illum et cum audias, idem est. [...]
5 Non delectent verba nostra, sed prosint[5]. Si tamen contingere[6] eloquentia non sollicito[7] potest, si aut parata est aut parvo constat[8], adsit et res pulcherrimas prosequatur[9]: sit talis, ut res[10] potius[11] quam se ostendat.

4 **1 propositi nostri summa**: die Hauptsache unseres Vorhabens **2 concordo** 1: übereinstimmen **3 promissum impleo** 2, -evi: ein Versprechen erfüllen **4** Lies: **qui est idem, et cum illum videas et cum <illum> audias.**
5 **5 prosum**, prodesse: nützen **6 contingo** 3: gelingen, glücken, h. zur Verfügung stehen **7 non sollicito**: mühelos **8 parvo constare** (= abl. mensurae): h. wenig Aufwand erfordern **9 res prosequor** 3: h. Sachverhalte begleiten **10 res** (acc. pl.): Inhalte **11 potius ... quam**: eher ... als

10 **Kommentar**

Seneca,
Epistulae morales 75, 4 f.

5 Non delectent verba nostra, sed prosint: vgl. dazu die Forderung des Horaz an die Dichtkunst (Ars poetica 333 f.):

Dichter wollen entweder nützen oder erfreuen oder zugleich Angenehmes und zum Leben Brauchbares sagen – *aut prodesse volunt aut delectare poetae / aut simul et iucunda et idonea dicere vitae.*

Kompetenzorientierte Arbeitsaufgaben ➤ S. 103

10 **Vertiefung**

1. Wie bewertet Seneca, selbst ein Meister der Rhetorik, die Verhältnismäßigkeit zwischen Beredsamkeit und Inhalt?
2. Reflexion: Wie beurteilst du die „Macht des Wortes“?

***Abb. 19: Pseudo-Seneca**, Neapel, Archäologisches Nationalmuseum: Römische Bronze-Kopie nach griechischem Original*

Teil II
STELLUNG DES MENSCHEN IM KOSMOS / WESENSBESTIMMUNG DES MENSCHEN

11 text

Cicero,
De legibus 1, 24 f., gek.

Die Natur des Menschen – seine Gottesverwandtschaft

Cicero hat, vom Vorbild Platons angeregt, auf die Schrift **„Über den Staat –** ***De re publica*“** das Werk **„Über die Gesetze –** ***De legibus*“** folgen lassen (ab 52 v. Chr.). Im 1. Buch behandelt er die Grundlegung der Gesetzgebung im Naturrecht. Die im Kosmos waltende Gesetzmäßigkeit findet sich wieder im Wesen des einzelnen Menschen, der durch seine Teilhabe an der göttlichen Vernunft vor allen anderen Wesen bevorzugt ist, daraus aber auch die Verpflichtung hat, in seinem eigenen wie auch im staatlichen Leben die vernünftigen Naturanlagen umzusetzen.

24 Cum de natura hominis quaeritur, disputari solet [...] perpetuis cursibus conversionibusque caelestibus[1] exstitisse[2] quandam maturitatem[3] serendi[4] generis humani, quod sparsum[5] in terras atque satum divino auctum sit animorum munere[6], cum[7]que alia, quibus cohaererent[8] homines, e mortali genere sumpserint, quae fragilia[9] essent et caduca[10], animum esse ingeneratum[11] a deo. Ex quo[12] vere vel agnatio[13] nobis cum caelestibus vel genus[14] vel stirps[15] appellari potest. Itaque ex tot generibus nullum est animal praeter hominem, quod habeat notitiam aliquam dei, ipsisque in hominibus nulla gens est neque tam mansueta[16] neque tam fera, quae non, etiamsi ignoret, qualem haberi deum deceat[17], tamen habendum sciat.[18]

25 Ex quo efficitur illud, ut is agnoscat deum, qui, unde ortus sit, quasi recordetur[19] et agnoscat. Iam vero virtus[20] eadem in homine ac deo est, neque alio ullo in genere praeterea; est autem virtus nihil aliud nisi perfecta et ad summum perducta[21] natura: Est igitur homini cum deo similitudo[22]. Quod cum ita sit, quae tandem esse potest propior certiorve cognatio? Itaque ad

24 1 perpetuis cursibus conversionibusque caelestibus: bei den beständigen Abläufen und Umdrehungen des Kosmos **2 exsisto** 3, exstiti: h. herankommen **3 maturitas**, -tis f.: reifer Zeitpunkt **4 sero** 3, sevi, satum: erzeugen, erschaffen **5 spargo** 3, sparsi, sparsum: zerstreuen, verbreiten **6 munus**, -eris n.: h. Geschenk; verbinde: divino munere **7 cum** adversativum **8 cohaereo** 2: h. bestehen aus **9 fragilis**, -e: gebrechlich **10 caducus** 3: hinfällig **11 ingenero** 1: einpflanzen; AcI abh. von disputari solet **12 ex quo**: daher **13 agnatio**, -nis f.: Verwandtschaft **14 genus**, -eris n.: h. Herkunft **15 stirps**, -is f.: h. Abstammung **16 mansuetus** 3: zahm **17 qualem ... deceat**: welchen Gott man haben sollte **18 ergänze**: deum habendum esse sciat

25 19 recordor 1: sich erinnern **20 virtus**, -tis f.: h. Wesensvollendung **21 ad summum perducta**: zum höchsten Ende geführt **22 similitudo**, -inis f.: Wesensähnlichkeit

hominum commoditates[23] et usus tantam rerum ubertatem[24] natura largita est[25], ut ea, quae gignuntur, donata consulto[26] nobis, non fortuito nata videantur. [...]

23 commoditas, -tis f.: Bequemlichkeit **24 ubertas**, -tis f.: Fülle **25 largior** 4: spenden **26 consulto**: mit Absicht

Cicero,
De legibus 1, 24 f., gek.

11 Kommentar

24 divino munere: Dem schöpferischen Wesen der Gottheit entspricht ihre Fürsorge für Menschen.

nullum est animal: Nur der Mensch hat unter allen Lebewesen eine Vorstellung von Gott, eine Tatsache, die die Stoiker in der grundsätzlichen Übereinstimmung aller Völker *(consensus omnium)* bestätigt sehen.

25 ex quo efficitur, ut ... agnoscat: Cicero verbindet hier stoisches Gedankengut mit der Lehre Platons von der Wiedererinnerung der Seele („Anamnesis" – lat. *recordatio)*, die ihre Präexistenz vor dem Eintritt in den Körper, ihre Wiedergeburt und ihre Unsterblichkeit voraussetzt (➤ Einleitung S. 4).

homini cum deo similitudo: Wenn der Mensch der Gottheit ähnlich ist, worin unterscheidet er sich dann von ihr? Chrysippos von Soloi (281/77–208/4), drittes Schulhaupt der Stoa, erklärt den Unterschied in einem Gottesbeweis aus dem Verhältnis von Schöpfer zu Geschöpf (➤ ET 3).

E3 Text

Chrysippos von Soloi
(Stoikerfragmente = SVF II 1011)

Wenn es etwas gibt, das der Mensch nicht erschaffen kann, so ist derjenige, der das vermag, besser als der Mensch. Der Mensch kann aber das, was in der Welt ist, nicht erschaffen. Wer das also konnte, steht über dem Menschen. Wer könnte aber über dem Menschen stehen außer Gott? Es gibt also einen Gott.

Abb. 20: Chrysippos, *Paris, Louvre: Marmorkopie der frühen Kaiserzeit von einer Sitzstatue des Atheners Eubúlides um 220 v. Chr.*

11 Vertiefung

Kompetenzorientierte Arbeitsaufgaben ➤ S. 104

1 **a** Unter welchen Voraussetzungen ist die Seele des Menschen entstanden?

b Wozu ist der Mensch dadurch befähigt?

2 Was ist die Konsequenz aus der sich wieder erinnernden Gotteserkenntnis?

3 Wie verhält sich die Gottheit / Natur zum Menschen (➤ ET 3)?

12 text

Cicero,
De legibus 1, 26 f., gek.

Die bevorzugte Ausstattung des Menschen

26 [...] Ipsum autem hominem eadem natura non solum celeritate mentis ornavit, sed ei et sensus tamquam satellites[1] attribuit et nuntios, et rerum plurimarum obscuras nec satis expressas intellegentias[2] incoavit[3], quasi fundamenta quaedam scientiae, figuramque corporis habilem[4] et aptam[5] ingenio humano dedit. Nam cum ceteras animantes[6] abiecisset[7] ad pastum[8], solum hominem erexit et ad caeli quasi cognationis[9] domiciliique pristini[10] conspectum excitavit, tum speciem ita formavit oris, ut in ea penitus[11] reconditos[12] mores effingeret.

27 Nam et oculi nimis argute[13], quemadmodum affecti[14] simus, loquuntur, et is, qui appellatur vultus[15], qui nullo in animante esse praeter hominem potest, indicat mores, cuius vim[16] Graeci norunt, nomen omnino non habent. Omitto opportunitates[17] habilitatesque[18] reliqui corporis, moderationem[19] vocis, orationis vim, quae conciliatrix[20] est humanae maxime societatis. [...]

26 **1 satelles**, -itis m.: Begleiter **2 intellegentia**, -ae: Vorstellung **3 inco(h)o** 1: zu Grunde legen, anlegen **4 habilis**, -e: passend **5 aptus** 3: angemessen **6 animans**, -tis f.: Geschöpf **7 abicio** 3M -ieci: zu Boden drücken **8 pastus**, -us m.: Futter **9 cognatio**, -nis f.: Verwandtschaft **10 pristinus** 3: frühere **11 penitus** 3: tief **12 reconditus** 3: verborgen
27 **13 argutus** 3: deutlich **14 affectus** 3: gestimmt **15 vultus**, -us m.: Gesichtsausdruck **16 vis**, vim: h. Bedeutung **17 opportunitas**, -tis f.: Vorteil **18 habilitas**, -tis f.: Geschicklichkeit **19 moderatio**, -nis f.: Ausdrucksfähigkeit **20 conciliatrix**, -icis f.: Vermittlerin

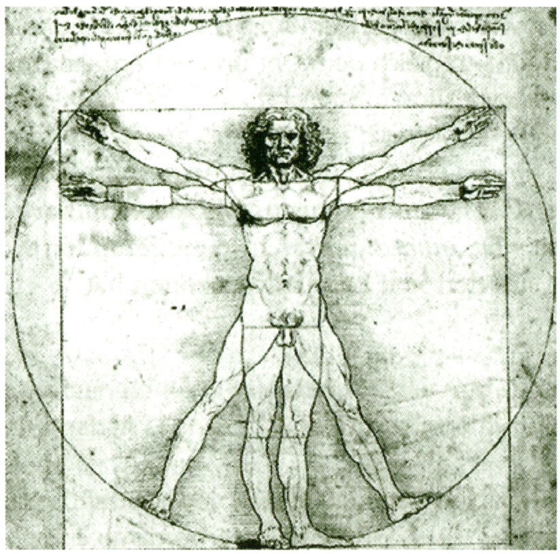

***Abb. 21: Leonardo da Vinci**, Der vollendet proportionierte „Vitruv-Mann“, Accademia di Belle Arti, Venedig, Proportionsstudie 1492*

12 kommentar

Cicero,
De legibus 1, 26 f., gek.

26 intellegentias incoavit: Cicero vertritt mit Platon (Anamnesis-Lehre, ➤ K 11, S. 29) die Ansicht, dass der Mensch schon beim Eintritt ins Leben in der Seele Begriffe von allen Dingen hat, die allerdings unklar und noch kaum ausgeprägt sind.

solum hominem erexit: Die aufrechte Haltung als spezifische Sonderausstattung des Menschen ist ein gängiger Topos (= lat. *locus communis,* dt. Gemeinplatz) in der Antike, den Cicero auch andernorts einsetzt. Vgl. auch Seneca, epist. 94, 56:

> Sie (die Natur) hat unser Gesicht aufgerichtet zum Himmel, und was immer sie Großartiges und Wunderbares geschaffen hatte, wollte sie von uns in Verehrung betrachtet sehen – *illa vultus nostros erexit ad caelum et, quicquid magnificum mirumque fecerat, videri a suscipientibus voluit.*

12 Vertiefung

1 Mit welchen Begriffen benennt Cicero die vorzügliche Sonderausstattung des Menschen?

2 Worin liegt die Besonderheit der menschlichen Stimme?

13 text

Ovid,
Metamorphoses 1, 76–88

Der Mensch – die Krone der Schöpfung

Im ersten Buch seiner **„Metamorphosen"** beschreibt Ovid nach einem kurzen Proömium (V. 1–4) die Weltschöpfung (V. 5–88). Auf die Schilderung des Chaos, des ursprünglichen Zustandes vor der Schöpfung (V. 5–20), folgt die Scheidung der vier Elemente Erde, Wasser, Luft und Aether (V. 21–31), dann die Ausgestaltung der Elemente (V. 32–68), weiters die Entstehung der Lebewesen (V. 69–75), schließlich als Krone der Schöpfung die Erschaffung des Menschen (V. 76–88). Im Vergleich zu den sonstigen Bewohnern von Luft, Wasser und Erde kommt dem Menschen eine höhere Würde zu.

Und damit kein Bereich ohne Lebewesen sei, die ihm angehören, haben Gestirne und Göttergestalten den Himmelsboden inne, den schimmernden Fischen fielen die Wogen als Wohnstatt zu, die Erde nahm Tiere auf und Vögel die bewegliche Luft. (V. 72–75)

Sanctius his[1] animal mentisque capacius[2] altae
deerat adhuc et quod dominari[3] in cetera posset:
Natus homo est, sive hunc divino semine[4] fecit
ille opifex rerum[5], mundi melioris origo,
sive recens[6] tellus seducta[7]que nuper ab alto
aethere[8] cognati[9] retinebat semina caeli;
quam[10] satus Iapeto[11] mixtam pluvialibus undis[12]
finxit in effigiem[13] moderantum[14] cuncta deorum,
prona[15]que cum[16] spectent animalia cetera terram,
os[17] homini sublime[18] dedit caelumque videre
iussit et erectos ad sidera tollere[19] vultus.
Sic, modo[20] quae fuerat rudis et sine imagine[21], tellus
induit[22] ignotas[23] hominum conversa[24] figuras.

76 **1 his** (abl. comp.): gemeint sind die Fische, Landtiere und Vögel **2 capax**, -cis (+ gen.): fähig **3 dominor** 1 in (+ acc.): herrschen ... über **4 semen**, -inis n.: Samen **5 opifex rerum**: Weltschöpfer
80 **6 recens**, -tis: jung, neu geschaffen **7 seductus** 3: getrennt **8 aether**, -eris m.: Himmel **9 cognatus** 3: verwandt **10 quam** = rel. Anschluss zu tellus, -uris f.: Erde **11 satus Iapeto** (= abl. originis): Sohn des Iapetus ➤ K **12 pluviales undae**: Regenwasser **13 in effigiem fingere**: nach dem Ebenbild gestalten (fingo 3, finxi, fictum) **14 moderantum** = moderantium (= PPA, gen. pl. von moderor 1): lenkend **15 pronus** 3: vornüber geneigt **16 cum** adversativum: während
85 **17 os**, oris n.: h. Antlitz **18 sublimis**, -e: zum Himmel schauend **19 tollo** 3, sustuli, sublatum: erheben **20 modo**: eben noch **21 sine imagine**: gestaltlos **22 induo** 3: h. annehmen **23 ignotus** 3: bisher unbekannt **24 conversus** 3: verwandelt

***Abb. 22: Michelangelo, Die Erschaffung des Menschen**, Vatikan, Sixtinische Kapelle, 1508–1512, Ausschnitt aus dem Deckengemälde*

13 Kommentar

Ovid,
Metamorphoses 1, 72–88

82 satus Iapeto: Prometheus, der Sohn des Titanen Iapetus, gilt in einigen Mythen als Schöpfer des Menschen. In seiner Auflehnung gegen den Göttervater Zeus entwendet er diesem das Feuer und bringt es auf die Erde zu den Menschen. Dafür wird er zur Strafe an den Kaukasus geschmiedet, wo ihm ein Adler tagsüber die Leber zerhackt, die in der Nacht immer wieder nachwächst. Von seiner langen Qual erlöst ihn Herakles, der mit einem Pfeilschuss den Adler tötet.
83 finxit in effigiem: Vgl. dazu den Schöpfungsbericht aus dem Alten Testament (➤ ET 4).
84–87 pronaque ... vultus: zur bevorzugten Ausstattung des Menschen ➤ T 12, S. 30

E4 Text

Genesis
1, 1; 25–27

[1]Im Anfang schuf Gott Himmel und Erde. [...] [25]Gott machte alle Arten von Tieren des Feldes, alle Arten von Vieh und alle Arten von Kriechtieren auf dem Erdboden. Gott sah, dass es gut war. [26]Dann sprach Gott: Lasst uns Menschen machen nach unserem Abbild, uns ähnlich. Sie sollen herrschen über die Fische des Meeres, über die Vögel des Himmels, über das Vieh, über die ganze Erde und über alle Kriechtiere auf dem Land. [27]Gott schuf also den Menschen als sein Abbild; als Abbild Gottes schuf er ihn. [...]

13 Vertiefung

1 Welche alternativen Schöpfungsakte werden von Ovid beschrieben?

2 Worin zeigt sich die Gott-Ebenbildlichkeit des Menschen?

3 Vergleiche den Text Ovids mit dem Schöpfungsbericht im Alten Testament (➤ ET 4): Welche Unterschiede lassen sich feststellen?

14 Text

Pico della Mirandola,
Oratio de hominis dignitate
p. 7–10 Garin, gek.

Der Mensch – das wunderbarste Geschöpf

Giovanni Francesco Pico della Mirandola (1463–1494) stammte aus der Herrscherfamilie eines kleinen Herzogtums in der Nähe von Modena. Er genoss eine ausgezeichnete Ausbildung und wurde u.a. im Jahre 1486 durch den öffentlichen Anschlag von 900 Thesen in Rom berühmt, in denen er seine philosophischen Anschauungen vorstellte und die Gelehrten Europas zu einer Disputation einlud. Diese konnte jedoch infolge der Verurteilung seiner Ansichten durch Papst Innozenz VIII. nicht abgehalten werden. Er fand 1489 Zuflucht in Florenz, wo er unter dem Schutz des Lorenzo de' Medici, des „Prächtigen", und im Kreis der von Marsilio Ficino (1433–1499) gegründeten „Platonischen Akademie" bis zu seinem Tod 1494 wirkte. Unter seinen philosophischen Werken nimmt die **„Rede über die Würde des Menschen – *Oratio de hominis dignitate*"**, die er im Jahre 1486 als 23-Jähriger (!) verfasste, einen besonderen Rang ein. Als eines der schönsten Vermächtnisse der Renaissance ist sie „der bekannteste und zugleich bedeutendste der Traktate über die Menschenwürde, die innerhalb der menschenkundlichen Literatur der Renaissance eine eigene Gattung bilden" (A. Buck). Im Rückgriff auf den in der Bibel und in der Antike verwendeten Begriff der Wesenswürde des Menschen wird diese Gottesgabe neu interpretiert: Der Mensch ist ein völlig selbstbestimmendes Wesen, das durch eigene Anstrengung und philosophisches Nachdenken die Vollkommenheit erreichen kann.

***Abb. 23: Pico della Mirandola**, Holzschnitt von Tobias Stimmer (1539–1584)*

p. 7 [...] multa de humanae naturae praestantia[1] afferuntur a multis: esse hominem creaturarum internuntium[2], superis familiarem[3], regem inferiorum[4]; sensuum perspicacia[5], rationis indagine[6], intellegentiae lumine naturae interpretem[7]; stabilis aevi[8] et fluxi temporis interstitium[9] et (quod Persae dicunt) mundi copulam[10], immo hymenaeum[11], ab angelis teste Davide paulo deminutum[12].

p. 8 [...] Iam summus Pater architectus Deus hanc, quam videmus, mundanam domum, divinitatis templum augustissimum arcanae[13] legibus sapientiae fabrefecerat[14]. [...] Sed opere consummato[15] desiderabat artifex[16] esse aliquem, qui tanti operis rationem[17] perpenderet[18], pulchritudinem amaret, magnitudinem admiraretur. Idcirco[19] iam rebus omnibus (ut Moses Timaeusque testantur) absolutis de producendo homine postremo cogitavit. [...] Statuit tandem optimus opifex[20], ut, cui[21] dare nihil proprium[22] poterat, commune esset, quicquid privatum[23] singulis fuerat. Igitur hominem accepit indiscretae opus imaginis[24] atque in mundi positum meditullio[25] sic est allocutus: „Nec certam sedem, nec propriam faciem, nec munus ullum peculiare[26] tibi dedimus, o Adam, ut, quam sedem, quam faciem, quae munera tute[27] optaveris, ea pro voto[28], pro tua sententia[29] habeas et possideas. Definita ceteris[30] natura intra praescriptas a nobis leges coercetur[31]. Tu, nullis angustiis[32] coercitus, pro tuo arbitrio[33], in cuius manu te posui, tibi illam[34] praefinias[35].

p. 7 **1 praestantia**, -ae: Vorzüglichkeit, herausragende Stellung **2 internuntius**, -i: Vermittler **3 superis familiarem**: mit den Göttern vertraut **4 inferiores**, -um: niedrigere Wesen **5 perspicacia**, -ae: Schärfe **6 indago**, -inis f.: Entdeckungskraft **7 interpres**, -tis m.: Deuter **8 stabile aevum**: dauerhafte Ewigkeit **9 interstitium**, -i: Zwischenglied **10 copula**, -ae: Bindeglied **11 hymenaeum**, -i: Hochzeitslied **12 deminutus ab ...**: geringer als

p. 8 **13 arcanus** 3: verborgen **14 fabrefacio** 3M: errichten **15 consummo** 1: vollenden **16 artifex**, -icis m: Künstler, Schöpfer **17 ratio**, -nis f.: h. Beschaffenheit **18 perpendo** 3: gründlich beurteilen **19 idcirco**: deshalb **20 opifex**, -icis m.: Bildner, Schöpfer **21 ut, cui** = ut homini, cui **22 proprius** 3: eigen **23 privatus** 3: h. eigentümlich, vorbehalten **24 indiscretae opus imaginis**: ein Geschöpf von unbestimmter Gestalt **25 meditullium**, -i: Mitte **26 peculiaris**, -e: besondere **27 tute**: verstärktes tu **28 pro voto**: nach Wunsch **29 pro tua sententia**: nach deinem Willen **30 ceteris**: erg. animalibus **31 coerceo** 2: einschränken **32 angustiae**, -arum: Einengung **33 arbitrium**, -i: eigene Entscheidung, freier Wille **34 illam**: erg. naturam **35 praefinio** 4: festlegen, -setzen

p. 10 Medium te mundi posui, ut circumspiceres[36] inde commodius, quicquid est in mundo. Nec te caelestem neque terrenum, neque mortalem neque immortalem fecimus, ut tui ipsius quasi arbitrarius[37] honorariusque[38] plastes[39] et fictor, in quam malueris[40], tute formam effingas[41].

Poteris in inferiora, quae sunt bruta[42], degenerare; poteris in superiora, quae sunt divina, ex tui animi sententia regenerari[43]."

O summam Dei patris liberalitatem[44], summam et admirandam hominis felicitatem! Cui datum <est> id habere, quod optat, id esse, quod velit.

p. 10 **36 circumspicio** 3M: betrachten **37 tui ipsius ... arbitrarius**: selbstbestimmt **38 honorarius** 3: ehrenhalber **39 plastes**, -is m.: Bildhauer **40 malo**, malle, malui: lieber wollen, bevorzugen **41 effingo** 3: ausbilden, formen **42 brutus** 3: vernunftlos **43 regenero** 1: wieder hervorbringen **44 liberalitas**, -tis f.: Großmut

Pico della Mirandola,
Oratio de hominis dignitate
p. 7–10 Garin, gek.

14 Kommentar

p. 7 **teste Davide**: Psalm 8,5 f.:

> [5]Was ist der Mensch, dass du seiner gedenkst, und das Menschenkind, dass du seiner dich annimmst? [6]Und doch hast du ihn nur wenig den Himmlischen (= den Engeln) nachgestellt, hast ihn mit Glorie und Glanz gekrönt.

p. 8 **Moses**: Gemeint ist das erste Buch Moses, die „Genesis".

Timaeus: Timaios von Lokroi in Unteritalien, griechischer Philosoph aus der Schule der Pythagoreer, 5. Jh. v. Chr.; Platon hat einen berühmten Dialog „Timaios" über die Weltschöpfung verfasst. Hier wird allerdings auf eine von Platon abhängige Schrift *„De anima mundi"* hingewiesen, die dem Timaios zugeschrieben wurde: „Nach der Verfertigung des Kosmos sann er auf die Schaffung sterblicher Lebewesen, um alles dem Plan gemäß zu vollenden."

Adam: Mit der von Pico Gott in den Mund gelegten Rede an Adam soll das besondere Naheverhältnis Gottes zum Menschen hervorgehoben werden.

14 Vertiefung

1 Welche Vorzüge schreibt Pico della Mirandola dem Menschen zu?

2 Suche alle Begriffe aus dem Text, mit denen der Autor Gott und die Welt beschreibt.

3 Was veranlasst Gott zur Schöpfung des Menschen und welche Absicht verbindet er damit?

4 Gib den Gedankengang der Rede Gottes an Adam mit eigenen Worten wieder.

5 Wie wertet Pico della Mirandola abschließend das Schöpfungswerk Gottes?

15 text

Seneca,
Dialogus 8 (= De otio), 4, 1 f.; 5, 1, gek.

Das Individuum in Kosmos und Staat

Der Dialog **„Über die Muße – *De otio*"** gehört zu den Spätwerken Senecas nach seinem Ausscheiden aus der aktiven Politik im Jahre 62 n. Chr. Er setzt sich mit der Frage auseinander, ob sich ein Stoiker, der eigentlich bis zu seinem Lebensende für das Gemeinwohl der Menschen tätig sein soll, in die Muße zurückziehen dürfe. Unter Berufung auf die ersten Schulhäupter der Stoa, Zenon von Kition (333/32–264) und Chrysippos von Soloi (281/77–208/4), bietet Seneca als Alternative zu seiner erzwungenen Staatsferne die Beschäftigung des Philosophen mit dem Götter und Menschen umfassenden größeren Staat der Kosmopolis an: An die Stelle der konkreten *actio* im römischen Staat tritt die *contemplatio* des Kosmos, die eigentlich erst im *otium* zu verwirklichen ist. Durch den Dienst am höheren Gemeinwesen nützt er jetzt den Menschen in umfassenderer Weise.

***Abb. 24: Zeno**, Titelblatt der Seneca-Ausgabe des Justus Lipsius, Antwerpen 1652*

4,1 Duas res publicas animo complectamur[1], alteram magnam et vere publicam, qua dii atque homines continentur[2], in qua non ad hunc angulum[3] respicimus aut ad illum, sed terminos[4] civitatis nostrae cum sole metimur[5], alteram, cui nos adscripsit condicio nascendi[6]: haec aut Atheniensium erit aut Carthaginiensium aut alterius alicuius urbis, quae non ad omnes pertineat[7] homines, sed ad certos. Quidam eodem tempore utrique[8] rei publicae dant operam[9], maiori minorique, quidam tantum[10] minori, quidam tantum maiori.

4,2 Huic maiori rei publicae et[11] in otio deservire possumus, immo vero[12] nescio an[13] in otio melius, ut[14] quaeramus:

quid sit virtus, una pluresque sint[15];
natura an ars[16] bonos viros faciat; [...]
quae sit dei sedes, opus suum spectet[17] an tractet[18]; [...]
immortalis sit mundus an inter caduca[19] et ad tempus nata[20] numerandus? [...]

5,1 Solemus dicere summum bonum esse secundum naturam vivere. Natura nos ad utrumque genuit et contemplationi[21] rerum et actioni!

4,1 1 complector 3: umfassen **2 qua ... continentur**: übersetze aktiv: umfassen **3 angulus**, -i: Winkel **4 terminus**, -i: Grenze **5 cum sole metiri**: mit dem Sonnenlauf duchmessen **6 condicio nascendi**: Geburtsbedingung **7 pertineo** 2 ad ...: sich beziehen auf **8 uterque**, utraque, utrumque: jeder von beiden = beide **9 operam dare**: sich bemühen **10 tantum**: nur

4,2 11 et = etiam **12 immo vero**: ja sogar **13 nescio an**: vielleicht **14 ut** (explikativ): dass nämlich, indem **15 una pluresque sint** = una <virtus sit> an plures <virtutes>; es folgen mehrere indirekte Doppelfragen ohne Einleitungspartikel

16 ars: h. kunstmäßige Lehre **17** erg. deus **18 tracto** 1: h. eingreifen **19 caducus** 3: hinfällig, vergänglich **20 ad tempus nata**: auf Zeit hin Entstandenes = zeitlich Begrenztes

5,1 21 contemplatio, -nis f.: Betrachtung

15 Kommentar

Seneca,
Dialogus 8 (= De otio), 4, 1 f.; 5, 1, gek.

5,1 solemus ... secundum naturam vivere: Seneca gibt hier die stoische Zielformel wieder, die Kleanthes von Assos (331/30–232/31) als wichtigste Lebensregel des Menschen aufgestellt hatte.

15 Vertiefung

1 Welche Staatswesen nennt Seneca und wie beschreibt er sie?

2 Worin äußert sich die Beschäftigung mit dem größeren Staat?

3 Welche zwei Lebensformen benennt Seneca?

4 Welche heutigen Wissenschaften bzw. Disziplinen der Philosophie sind in § 4, 2 angesprochen?

16 Text

Seneca,
Epistulae morales 41, 1 f.; 5

Die rechte Gottesbeziehung des Menschen

Der 41. Brief setzt nach einem Lob für den Adressaten Lucilius mit der Kritik an der üblichen Gottesvorstellung ein und stellt ihr die ethisch begründete Auffassung vom Wirken der Gottheit im Menschen gegenüber.

1 Facis rem optimam et tibi salutarem[1], si, ut scribis, perseveras[2] ire ad bonam mentem, quam stultum est optare, cum possis a te impetrare[3]. Non sunt ad caelum elevandae manus nec exorandus[4] aedituus[5], ut nos ad aurem[6] simulacri, quasi[7] magis exaudiri possumus, admittat[8]: prope a te[9] deus est, tecum est, intus est.

2 Ita dico, Lucili: sacer intra nos spiritus sedet, malorum bonorumque observator et custos; hic prout[10] a nobis tractatus est, ita nos ipse tractat. Bonus vero vir sine deo nemo est: an potest aliquis supra fortunam nisi ab illo adiutus exsurgere? Ille dat consilia magnifica et erecta[11]. In unoquoque virorum bonorum[12] „– quis deus, incertum est! – habitat deus."

5 Vis divina isto[13] descendit; animum excellentem, moderatum[14], quidquid timemus optamusque ridentem[15] caelestis potentia

1 **1 salutaris**, -e: heilsam, nützlich **2 persevero** 1: (beharrlich) fortsetzen **3 impetro** 1: erlangen, erreichen **4 exoro** 1: durch Bitten erweichen **5 aedituus**, -i m.: Tempelhüter **6 auris**, -is f.: Ohr **7 quasi**: als ob **8 admitto** 3: vorlassen **9 prope a te**: in deiner Nähe

2 **10 prout**: wie **11 erectus** 3: aufrecht **12 unusquisque virorum bonorum** (gen. part.): jeder gute Mensch

5 **13 isto**: dorthin; gemeint ist auf den vir bonus **14 moderatus** 3: maßvoll **15 ridentem** (part. coni. zu animum): von rideo 2: h. belächeln

agitat[16]. Non potest tanta res sine adminiculo[17] numinis stare; itaque maiore sui parte[18] illic est, unde descendit. Quemadmodum radii solis contingunt quidem terram, sed ibi sunt, unde mittuntur, sic animus magnus ac sacer et in hoc demissus[19], ut propius divina nossemus[20], conversatur[21] quidem nobiscum, sed haeret[22] origini suae; illinc pendet[23], illuc spectat ac nititur[24], nostris tamquam melior[25] interest[26].

16 agito 1: h. beleben **17 adminiculum**, -i n.: Stütze, Beistand **18 maiore sui parte**: mit ihrem größeren Teil **19 in hoc demissus**: dazu herabgesandt **20 nossemus**: coni. plusqu.perf.; nosco 3: kennen lernen, erfahren, wahrnehmen **21 conversor** 1: verkehren **22 haereo** 2 (+ dat.): hängen, haften; h. verbunden bleiben mit ... **23 pendeo** 2: h. abhängig sein **24 nitor** 3: streben **25 tamquam melior**: gleichsam als ein höheres Wesen **26 nostris interesse**: an unseren Angelegenheiten Anteil nehmen

16 Kommentar

Seneca,
Epistulae morales 41, 1 f.; 5

2 „– quis deus, incertum est – habitat deus.“: Zitat aus Vergil, Aeneis 8, 352: Dort führt der aus Arkadien stammende König Euander durch die Stätte des künftig erstehenden Roms; vom Kapitolinischen Hügel sagt er (V. 351–353):

> „Diesen Hain, diesen Hügel mit seinem schattigen Gipfel bewohnt ein Gott – welcher Gott, ist ungewiss! Die Arkader glauben, Iuppiter selbst gesehen zu haben.“

16 Vertiefung

Kompetenzorientierte Arbeitsaufgaben ➤ S. 105

1 Wie begründet Seneca das einleitende Lob an Lucilius?

2 Wie soll das Verhältnis des Menschen zu Gott geartet sein?

3 Wie äußert sich die göttliche Macht im Menschen? Welchen Vergleich wendet Seneca an?

17 text

Lactantius,
Epitome divinarum institutionum 63, 6–64, 1, gek.

Über die Zweckbestimmung des Menschen

Der christliche Schriftsteller **L. Caelius Firmianus Lactantius** (um 250–325 n. Chr.) stammte aus Afrika, wo er nach seiner Ausbildung als Lehrer der Rhetorik wirkte und sich dabei so hohes Ansehen erwarb, dass ihn Kaiser Diokletian (284–305 n. Chr.) als Rhetoriklehrer nach Nikomedia, der neu ausgebauten Hauptstadt des römischen Reiches im Osten, berief. Nach Ausbruch der Christenverfolgung unter Diokle-

***Abb. 25: Lactantius**, Opera, Paris 1509*

tian im Februar 303 trat er von seinem Amt zurück. Kaiser Konstantin der Große (306–337 n. Chr.), den Laktanz am Kaiserhof in Nikomedia kennen gelernt hatte, berief ihn im Jahre 314/15 zum Erzieher des Kaisersohnes Crispus nach Gallien in die Residenzstadt Trier. Die erhaltenen Schriften des Laktanz weisen ihn als ausgezeichneten Stilisten aus und trugen ihm die Bezeichnung Cicero Christianus ein. Sein Hauptwerk sind die sieben Bücher **„Göttliche Unterweisungen – *Divinae Institutiones*“**, die zwischen 304 und 311 in einer ersten Fassung entstanden sind und später überarbeitet wurden. Sie verteidigen das Christentum gegen Anfeindung und Verfolgung und stellen die christliche Lehre als den einzigen Heilsweg des Menschen vor. Um 314 gab Laktanz sein Hauptwerk in einer verkürzten Neufassung, der ***„Epitome divinarum institutionum“***, heraus. Seine Argumentationsmethode besteht darin, dass er die Aussagen heidnischer Philosophen zu bestimmten Themen komprimiert wiedergibt und sie anschließend vom christlichen Standpunkt aus positiv oder negativ wertet.

Non fit propter se quicquam, sed propter aliud. – Nichts geschieht um seiner selbst willen, alles hat eine Zweckbestimmung!

63,6 Domus aedificatur non ad hoc solum, ut
sit domus, sed ut suscipiat[1] et tueatur[2] ha-
bitantem. Item navis fabricatur non, ut
navis tantum[3] videatur, sed ut in ea pos-
63,7 sint homines navigare. [...] Sic et mun-
dum deus ad usum aliquem fecerit necesse
est[4].

Stoici aiunt mundum hominum causa factum esse, et recte. Homines enim fruuntur[5] iis omnibus bonis, quae mundus in se continet. Sed cur homines ipsi facti sint, non explicant.

63,8 Immortales esse animas Plato affirmat; sed cur aut quomodo aut quando aut per quem immortalitatem assequantur[6] aut quod sit omnino tantum illud mysterium, cur ii, qui immortales futuri sunt, prius mortales nascantur, deinde decurso[7] temporalis vitae spatio atque abiectis[8] fragilium corporum exuviis ad aeternam illam beatitudinem transferantur, non comprehendit[9].

63,9 Denique nec iudicium dei nec discrimen iusti et iniusti explicavit; sed animas, quae se sceleribus immerserint[10], hactenus[11] condemnari putavit, ut in pecudibus[12] renascantur, et ita peccatorum[13] suorum luere poenas[14], donec rursus ad figuras hominum revertantur; et hoc fieri semper nec esse finem transmeandi[15]. Ludum mihi nescioquem[16] inducit somnio similem, cui nec ratio ulla nec dei gubernatio[17] nec consilium aliquod inesse[18] videatur.

63,6 **1 suscipio** 3M: aufnehmen **2 tueor** 2: schützen **3 tantum**: nur **4 necesse est** (+ coni.): notwendigerweise

63,7 **5 fruor** 3 (+ abl.): genießen

63,8 **6 assequor** 3: erlangen **7 decurso temporalis vitae spatio** (= abl. abs.): nach Ablauf der irdischen Lebenszeit **8 abiectis fragilium corporum exuviis** (= abl. abs.): nach Ablegen der hinfälligen Körperhülle **9 comprehendo** 3: h. darlegen

63,9 **10 se immergere**: sich verstricken **11 hactenus**: insofern **12 in pecudibus**: h. in Tiergestalt **13 peccatum**, -i: Sünde **14 poenas luere**: Strafe erleiden **15 finis transmeandi** = Ende der Seelenwanderung; transmeo 1: (in eine andere Gestalt) überwechseln **16 nescioqui**, -quae, -quod: h. unbegreiflich **17 gubernatio**, -nis f.: Lenkung **18 inesse**: inne wohnen

64,1 Dicam nunc, quae sit illa summa[19]: [...] Factus est a deo mundus, ut homines nascerentur; nascuntur autem homines, ut deum parentem[20] agnoscant, in quo est sapientia; agnoscunt, ut eum colant, in quo est iustitia; colunt, ut mercedem[21] immortalitatis accipiant; accipiunt immortalitatem, ut in aeternum[22] deo serviant.

64,1 **19 summa**, -ae: h. Ergebnis **20 parens**, -entis m.: Vater **21 merces**, mercedis f.: Lohn **22 in aeternum**: auf ewig

17 Kommentar

Lactantius,
Epitome divinarum institutionum 63, 6–64, 1, gek.

63,8 abiectis fragilium corporum exuviis: ➤ Einleitung S. 4 und T 45, S. 88.

17 Vertiefung

1 Mit welchen Tätigkeiten vergleicht Laktanz die Erschaffung der Welt?

2 Gib die Ansicht des Autors über die Lehre der Stoa wieder.

3 Erläutere die Lehre Platons aus der Sicht des Laktanz.

4 Wie beschreibt der Autor die christliche Sicht von der Zweckbestimmung der Schöpfung?

18 Text

Seneca,
Epistulae morales 47, 1–3; 5; 10 f.; 15, gek.

Von der Gleichheit aller Menschen

Senecas 47. Brief ist die ausführlichste vorchristliche Stellungnahme zum Sklavenproblem. Im Sinne der stoischen Lehre, die alle Menschen als Träger der göttlichen Weltvernunft (λόγος/lógos – *ratio)* betrachtet, wird im Gegensatz zu der in der antiken Gesellschaft üblichen Behandlung der Sklaven als „Sache“ ihre Menschenwürde betont. Ausgangspunkt des Briefes ist das Lob für das humane Zusammenleben des Adressaten Lucilius mit seinen Sklaven, an das sich ein fiktives Wortgefecht zwischen einem Vertreter der herkömmlichen Sklavenhaltung und Seneca anschließt. Im weiteren Verlauf des Briefes entwickelt der Autor seine Sicht der Sklavenbehandlung.

***Abb. 26: Igeler Säule, Dienende Sklaven**, um 250 n. Chr.*

Seneca Lucilio suo salutem

1 Libenter ex iis, qui a te veniunt, cognovi familiariter[1] te cum servis tuis vivere: hoc prudentiam tuam, hoc eruditionem[2] decet[3].
„Servi sunt!“ Immo[4] homines.
„Servi sunt!“ Immo contubernales[5].
„Servi sunt!“ Immo humiles amici[6].
„Servi sunt!“ Immo conservi, si cogitaveris tantundem[7] in utrosque licere fortunae.

2 Itaque rideo istos, qui turpe existimant cum servo suo cenare: quare, nisi quia[8] superbissima consuetudo cenanti domino stantium servorum turbam[9] circumdedit. Est[10] ille plus quam capit et ingenti aviditate onerat[11] distentum[12] ventrem[13] ac desuetum[14] iam ventris officio, ut maiore opera omnia egerat[15] quam ingessit.

3 At infelicibus servis movere labra[16] ne in hoc[17] quidem, ut loquantur, licet; virga[18] murmur omne compescitur[19], et ne fortuita[20] quidem verberibus[21] excepta sunt, tussis[22], sternumenta[23], singultus[24]; magno malo ulla voce interpellatum silentium luitur[25]; nocte tota ieiuni[26] muti[27]que perstant. [...]

5 Deinde eiusdem arrogantiae proverbium iactatur[28]: totidem[29] hostes esse quot servos. – Non habemus illos hostes, sed facimus! [...]

10 Vis tu cogitare[30] istum, quem servum tuum vocas, ex iisdem seminibus[31] ortum, eodem frui[32] caelo, aeque[33] spirare, aeque vivere, aeque mori! Tam tu illum videre ingenuum[34] potes quam ille te servum. [...]

11 Nolo in ingentem me locum immittere[35] et de usu servorum disputare, in quos superbissimi, crudelissimi, contumeliosissimi[36] sumus. Haec tamen praecepti mei summa[37] est: Sic cum inferiore[38] vivas, quemadmodum tecum superiorem[39] velis vivere. [...]

1 1 **familiaris**, -e: vertraut, freundschaftlich 2 **eruditio**, -nis f.: Bildung 3 **deceo** 2: passen zu 4 **immo**: nein, vielmehr 5 **contubernalis**, -is m.: Hausgenosse 6 **humiles amici**: Freunde aus niedrigem Stand 7 **tantundem**: ebensoviel

2 8 **quare, nisi quia**: wohl nur deshalb, weil ... 9 **stantium servorum turba**: eine Schar umherstehender Sklaven 10 **est**: Kurzform von edo 3: essen 11 **onero** 1: beladen, belasten 12 **distentus** 3: voll gestopft 13 **venter**, -tris m.: Bauch, Magen 14 **desuetus** 3: entwöhnt 15 **egero** 3, -gessi, -gestum: h. auswerfen, erbrechen; beachte das Wortspiel: e-gerere ... in-gerere

3 16 **labrum**, -i: Lippe 17 **in hoc** (acc.): dazu 18 **virga**, -ae: Rute 19 **compesco** 3: unterdrücken 20 **fortuita**, -orum: unwillkürliche, unabsichtliche Laute 21 **verbera**, -um n.: Hiebe, Prügel 22 **tussis**, -is f.: Husten 23 **sternumentum**, -i: Niesen 24 **singultus**, -us m.: Schluckauf 25 **interpellatum silentium luere**: die unterbrochene Ruhe büßen 26 **ieiunus** 3: mit leerem Magen, hungrig 27 **mutus** 3: stumm

5 28 **iacto** 1: h. immer wieder erwähnen 29 **totidem ... quot**: ebenso viele ... wie

10 30 **vis tu cogitare**: bedenke! (wörtl.: du willst bedenken) 31 **semen**, -inis n.: Same 32 **fruor** 3 (+ abl.): genießen 33 **aeque** (adv.): in gleicher Weise 34 **ingenuus** 3: frei geboren

11 35 **in ingentem locum se immittere**: sich auf ein unerschöpfliches Thema einlassen 36 **contumeliosus** 3: beleidigend 37 **praecepti mei summa**: mein oberstes Gebot 38 **inferior**, -is m.: h. Untergebener 39 **superior**, -is m.: h. ein Höhergestellter, Vorgesetzter

15 „Quid ergo? Omnes servos admovebo[40] mensae meae?“ – Non magis quam omnes liberos. Erras, si existimas me quosdam quasi sordidioris operae[41] reiecturum[42] <esse>, ut puta[43] illum mulionem[44] et illum bubulcum[45]. Non ministeriis[46] illos aestimabo, sed moribus: sibi quisque dat mores, ministeria casus assignat[47]!

15 **40 admoveo** 2: h. zulassen **41 sordidioris operae** (= gen. qual.): mit schmutzigerer Arbeit; sordidus 3: schmutzig **42 reicio** 3M, -ieci, -iectum: zurückweisen **43 ut puta**: wie zum Beispiel **44 mulio**, -nis m.: Maultiertreiber **45 bubulcus**, -i: Rinderhirt **46 ministerium**, -i: Dienst, Arbeit **47 assigno** 1: zuschreiben, zuweisen

18 Kommentar

Seneca,
Epistulae morales 47, 1–3; 5; 10 f.; 15, gek.

10 ex iisdem seminibus: ist im kosmologischen Sinn zu verstehen. Nach stoischer Lehre werden alle Dinge und Wesen – auch der Mensch! – aus dem „zeugenden Prinzip“ (λόγος σπερματικός / lógos spermatikós) gestaltet, das die Samenkeime (σπέρματα / spérmata, λόγοι σπερματικοί / lógoi spermatikoí) aller Formen in sich trägt. Jede Art stellt für sich eine Einheit dar, und daraus leitet sich auch die Gemeinsamkeit aller Menschen, die *communis hominum condicio*, ab. Ziel des ethischen Bemühens muss es sein, diese Gemeinsamkeit sichtbar zu machen und sie bewusst zu verwirklichen.

18 Vertiefung

1 Skizziere die Antworten Senecas auf die wiederholten Einwürfe *servi sunt:* Welches Menschenbild steht dahinter?

2 Worin zeigt sich das übliche Fehlverhalten gegenüber den Sklaven?

3 Der Text enthält Sentenzen von zeitloser Allgemeingültigkeit (§ 5, 11, 15): Suche und kommentiere sie.

4 Worin zeigt sich die *communis hominum condicio*?

TEIL III
SCHICKSALSBESTIMMUNG UND ZUFALL: *FATUM* UND *FORTUNA*

19 text

Augustinus,
De civitate Dei 5, 8, gek.

Gottes alles lenkender Wille

Augustinus selbst hat dem 8. Kapitel des 5. Buches von **„Vom Gottesstaat – *De civitate Dei*"** folgende Überschrift gegeben:

> Über die, die nicht die Stellung der Gestirne, sondern die ursächliche Verknüpfung der Dinge, die von Gottes Willen abhängt, mit dem Namen Fatum bezeichnen – *De his, qui non astrorum positionem, sed conexionem causarum ex Dei voluntate pendentem fati nomine appellant.*

Qui vero non astrorum[1] constitutionem[2], sicuti est, cum quidque[3] concipitur[4] vel nascitur vel inchoatur[5], sed omnium conexionem[6] seriemque[7] causarum, qua fit omne, quod fit, fati nomine appellant: non multum cum eis de verbi controversia[8] laborandum[9] atque certandum est, quando quidem[10] ipsum causarum ordinem et quandam conexionem Dei summi tribuunt voluntati et potestati, qui[11] optime et veracissime[12] creditur[11] et cuncta scire, antequam fiant, et nihil inordinatum relinquere; a quo sunt omnes potestates[13], quamvis ab illo non sint omnium voluntates[13]. Ipsam itaque praecipue[14] Dei summi voluntatem, cuius potestas insuperabiliter[15] per cuncta porrigitur[16], eos appellare fatum sic probatur[17]. Annaei Senecae sunt, nisi fallor, hi versus:

Duc, súmme páter altíque dóminatór[18] polí[19],
quocúmque[20] plácuit, núlla párendí[21] morá[22] est.
Adsum ímpigér[23]: fac nólle[24], cómitabór geméns[25]
malúsque pátiar, fácere quód licuít[26] bonó.
Ducúnt voléntem fáta, nólentém trahúnt[27].

Nempe[28] evidentissime[29] hoc ultimo versu ea fata appellavit, quam[30] supra dixerat

1 1 astrum, -i: Gestirn **2 constitutio**, -nis f.: Stellung **3 quidque**: h. etwas **4 concipio** 3M: empfangen **5 inchoo** 1: beginnen **6 conexio**, -nis f.: Verknüpfung **7 series**, -ei f.: Reihenfolge

5 8 verbi controversia: Streit ums Wort **9 laboro** 1: sich mühsam auseinandersetzen **10 quando quidem**: da ja

10 11 qui ... creditur: von dem man ... glaubt, dass er ... (NcI) **12 veracissime**: durchaus der Wahrheit entsprechend

15 13 potestates ... voluntates: Macht ... Wille **14 praecipue**: vorzugsweise **15 insuperabiliter**: unwiderstehlich **16 porrigi**: sich erstrecken **17 sic probatur**: ergibt sich aus dem Folgenden (davon abhängig der vorangehende AcI: eos ... voluntatem ... fatum appellare)

20 18 dominator, -is m.: Beherrscher **19 polus**, i: Himmel **20 quocumque**: wohin immer **21 pareo** 2: gehorchen **22 mora**, -ae: Verzögerung **23 impiger** 3: unverdrossen **24 fac nolle**: nimm an, ich wollte nicht **25 gemens**, -tis: seufzend **26 quod licuit**: was erlaubt gewesen wäre **27 traho** 3: zerren

25 28 nempe: offenbar **29 evidentissime**: sehr einleuchtend **30 quam**: h. was; umgekehrte Kongruenz zu voluntatem

summi patris voluntatem, cui paratum se oboedire[31] dicit, ut volens ducatur, ne nolens trahatur; quoniam scilicet[32]
Ducúnt voléntem fáta, nólentém trahúnt.
[...]

31 oboedio 4: gehorchen **32 quoniam scilicet**: denn allerdings

Augustinus,
De civitate Dei 5, 8, gek.

19 Kommentar

1 qui ... fati nomine appellant: Angesprochen sind damit die Stoiker, die den Ablauf allen Geschehens im Kosmos als Kausalzusammenhang sehen, der von der gesetzmäßigen Schicksalsmacht (= Logos als Weltgesetz und Weltvernunft) gelenkt wird.

13 potestates – voluntates: rhetorisch wirksame Endstellung der gegensätzlichen Begriffe „Macht“ und „Willen“ in Glied- und Hauptsatz mit den gleich lautenden Endungen ***-tates*** (= Homoioteleuton)

18 Annaei Senecae ... versus: Wiedergabe der Verse aus Seneca, Epistulae morales 107, 11. Die griechische Urfassung der ersten vier Verse stammt vom zweiten Schulhaupt der Stoa, Kleanthes von Assos (331/30–232/1 v. Chr.) und ist im „Encheiridion – Handbüchlein“ (➤ ET 5) des kaiserzeitlichen stoischen Philosophen Epiktet (55–ca. 120 n. Chr.) überliefert.

20 duc summe pater ...: Versmaß des jambischen Trimeters

24 ducunt volentem fata, nolentem trahunt: Zu beachten ist die wirkungsvolle chiastische Struktur des senecanischen Schlussverses: die gegensätzlichen Verben ***ducunt – trahunt*** am Versanfang bzw. -ende mit Homoioteleuton; die gegensätzlichen partizipialen Objekte ***volentem – nolentem*** an zweiter bzw. vorletzter Versstelle, ebenfalls mit Homoioteleuton, mit zusätzlichem Wortspiel (= Annominatio) des zu Grunde liegenden Wortstammes ***volo – nolo***; Mittelstellung des Subjekts ***fata*** vor der Verszäsur.

28 ut volens ducatur, ne nolens trahatur: zur Einprägung verdeutlichende Wiederaufnahme der Verba des Schlussverses

E5 Text

Epiktetos,
Encheiridion (Handbüchlein der stoischen Moral) c. 53

Bei allem, was geschieht, sollen uns folgende Kernsätze stets abrufbar sein:

„O Zeus, und du, allmächtiges Schicksal, führt mich
zu jenem Ziel, das mir einst von euch bestimmt wurde.
Ich werde folgen ohne Zaudern. Sträubt' ich mich,
ein Frevler wär ich dann, ein Feigling, und müßte doch euch folgen!“

Übers. v. K. Steinmann, Epiktet. Handbüchlein der Moral. Griechisch/Deutsch. Stuttgart: Reclam 1992

Abb. 27: Epictetus*, Titelblatt der Seneca-Ausgabe des Justus Lipsius, Antwerpen 1652*

19 Vertiefung

1 **a** Von welcher philosophischen Anschauung geht der Text aus?

b Wie legt Augustinus sie in christlicher Sicht aus?

2 Wie verläuft der Gedankengang in den Seneca-Versen?

3 Wie legt Augustinus die Seneca-Verse aus?

20 Text

Seneca,
Dialogus 1 (= De providentia) 5, 6–8

„Fata nos ducunt“

Mit dem Dialog **„Über die Vorsehung –** ***De providentia*“** eröffnet Seneca die Reihe seiner ***„dialogi“***. Er geht von der Frage des Adressaten Lucilius aus: „Warum widerfährt guten Menschen, wenn eine Vorsehung die Welt lenkt, so viel Unglück? – *quid ita, si providentia mundus regeretur, multa bonis viris mala acciderent*“ (1, 1). Seneca verteidigt die von den Göttern vorgegebene Ordnung und tritt als ihr Anwalt auf. Beherrscht wird die ganze Diskussion von dem stoischen Grundsatz, dass einen guten Menschen kein Unglück treffen kann – *„nihil accidere bono viro mali potest“* (2, 1).

Im vorliegenden Text tritt Seneca als autonomer Mensch auf, der der durch das *fatum* vorgegebenen Ordnung freiwillig folgt.

5,6 Nihil cogor, nihil patior invitus, nec servio[1] deo, sed assentior[2], eo quidem magis[3], quod scio omnia certa et in aeternum dicta lege[4] decurrere.

5,7 Fata nos ducunt et quantum cuique temporis restat, nascentium[5] prima hora disposuit. Causa pendet ex causa, privata et publica[6] longus[7] ordo rerum trahit[8]: ideo fortiter omne patiendum est, quia non, ut putamus, incidunt[9] cuncta, sed veniunt. Olim constitutum est, quid[10] gaudeas, quid[10] fleas[11], et quamvis[12] magna videatur varietate[13] singulorum vita distingui[14], summa[15] in unum venit: accipimus peritura[16] perituri.

5,8 Quid itaque indignamur[17]? Quid querimur? Ad hoc parati sumus. Utatur ut vult suis natura corporibus: nos laeti ad omnia et fortes cogitemus nihil perire de nostro. Quid est boni viri[18]? Praebere se fato. Grande solacium[19] est cum universo rapi[20]: quidquid est, quod nos sic vivere, sic mori iussit, eadem necessitate[21] etiam deos alligat[22]; irrevocabilis[23] humana pariter[24] ac

5,6 **1 servio** 4: (sklavisch) gehorchen, sich unterwerfen **2 assentior** 4: zustimmen **3 eo quidem magis**: freilich umso mehr **4 certa et in aeternum dicta lex**: ein auf ewig gültiges Gesetz

5,7 **5 nascentium**: PPA gen. pl.; nascor 3: h. bei der Geburt **6 privata et publica**: substantivierte Neutra Pl. **7 longus** 3: h. dauernd **8 traho** 3: h. mit sich reißen **9 incido** 3: h. zufällig geschehen **10 quid**: worüber **11 fleo** 2: (be-)weinen **12 quamvis** (+ coni.): wenn auch **13 varietas**, -tis f.: Vielfalt **14 distinguo** 3: unterscheiden **15 summa**, -ae: Ergebnis **16 periturus** 3: PFA; pereo, -ire: h. vergänglich

5,8 **17 indignor** 1: sich entrüsten **18 Quid est boni viri?** (= gen. poss.): Was zeichnet einen guten Menschen aus? **19 solacium**, -i: Trost **20 cum universo rapi**: mit dem Universum fortgerissen zu werden **21 necessitas**, -tis f.: h. Unausweichlichkeit **22 alligo** 1: binden, verpflichten **23 irrevocabilis**, -e: unwiderruflich **24 pariter**: in gleicher Weise

divina cursus[25] vehit. Ille ipse conditor[26] et rector scripsit quidem fata, sed sequitur; semper paret, semel iussit.

25 cursus, -us m.: Lauf, Bahn **26 conditor**, -is m.: Gründer

20 Kommentar

Seneca,
Dialogus 1 (= De providentia) 5, 6–8

5,7 fata nos ducunt: ➤ T 19, S. 42 f.

quantum cui temporis restat ...: Seneca setzt hier den so genannten, in der antiken Trostliteratur häufigen, „Geburtstopos“ ein, den er an anderer Stelle (epist. 99, 8) prägnant so äußert:

> Das gleiche Schicksal bindet alle: Wer auf die Welt kommt, den erwartet der Tod – *omnes eadem condicio devinxit: cui nasci contigit, mori restat.* (➤ T 47, S. 93).

Die Wirkmacht des *fatum* auf das Menschenleben spricht ganz ähnlich der stoische Dichter und Astronom **Manilius** (1. Jh. n. Chr.) in seinem hexametrischen Lehrgedicht ***„Astronomica“*** an (➤ ET 6).

5,8 grande solacium est cum universo rapi: Auch dieser Gedanke findet sich häufig in der Trostliteratur im Kampf gegen den Traueraffekt: Die „auf alle zutreffende Bedingtheit des Menschen – *communis hominum condicio*“ hat ihre Parallele in der Vergänglichkeit des Kosmos.

rector scripsit quidem fata: Die Gottheit ist zwar der Verfasser des durch die *fata* wirkenden Weltgesetzes, ist aber daran auf immer gebunden.

E6 Text

Manilius,
Astronomica 1, 14–16

Die *fata* lenken die Welt, unter einem bestimmten Gesetz steht alles,
und die Länge der Zeit wird gekennzeichnet durch ein bestimmtes Ende:
Schon bei der Geburt sterben wir, und das Ende beruht auf dem Anfang.

Fáta regúnt orbém, certá stant ómnia lége
lóngaque pér certós signántur témpora cásus:
náscentés morimúr, finísque ab orígine réstat.

20 Vertiefung

1 **a** Welche gedanklichen Anregungen bietet Seneca gegen die Wirkmacht des Weltgesetzes?
b Wie und wodurch kann der Mensch darauf reagieren?

2 Wie äußert sich die Gemeinsamkeit des Menschen mit der Gottheit und dem Kosmos?

3 Worin bestehen die Parallelen zwischen Seneca und Manilius? (➤ ET 6)

21 text

Seneca,
Phaedra, 978–989

Versmaß: anapästische Dimeter

Die blindwütig herrschende Fortuna

Unter **Senecas** Namen sind neun Tragödien und eine *„Fabula praetexta“* (Tragödie in römischem Gewand und mit römischem Stoff) überliefert, deren Echtheit jedoch umstritten ist. Die anderen Tragödien nehmen ihre Stoffe aus dem Griechischen und haben vor allem den jüngsten der attischen Dramatiker, Euripides (gest. 406), zum Vorbild. Charakteristisch für Senecas Dramen, die in erster Linie zur Rezitation bestimmt waren, sind das affektsteigernde Pathos und die effektvolle Rhetorisierung, die auf eine von der stoischen Philosophie bestimmte moralisierende Wirkung abzielen.

Die ***„Phaedra“*** handelt von der unglücklichen Liebe der Titelfigur zu ihrem Stiefsohn Hippolytos, die zunächst dessen Tod herbeiführt; nach Erkennen der eigenen Schuld endet die Tragödie im Selbstmord Phaedras. In der vorliegenden Partie ruft der Chor die Mutter Natur und Juppiter an und stellt ihnen die Frage, wie sie trotz ihrer Größe und Macht so viel menschliches Unglück zulassen können.

***Abb. 28: Rota Fortunae**, Neapel, Archäologisches Nationalmuseum: Mosaik aus Pompeji*

978 Res húmanás ordíne nulló
Fortúna regít sparsít[1]que manú
980 munéra caecá[2], peióra fovéns[3];
vincít sanctós dirá[4] libidó,
fraus[5] súblimí[6] regnát in aulá.
Tradére turpí[7] fascés[8] populús
gaudét, eosdém colit átque odít.
985 Tristís[9] virtús pervérsa[10] tulít
praemía rectí[11]: castós[12] sequitúr
mala páupertás vitióque poténs
regnát adultér[13]: o váne[14] pudór[15]
falsúmque decús[16]!

978 **1 spargo** 3, sparsi: verstreuen; verschleudern

980 **2 caecus** 3: h. blindwütig **3 foveo** 2: begünstigen, fördern **4 dirus** 3: grässlich, schrecklich **5 fraus**, fraudis f.: Betrug, Verbrechen **6 sublimi in aula**: im erhabenen Herrscherhaus **7 turpis**, -e: schimpflich **8 fasces**, -ium m.pl.: Rutenbündel ➤ K

985 **9 tristis**, -e: h. streng **10 perversus** 3: verkehrt **11 rectum**, -i n.: richtiges Handeln **12 castus** 3: anständig **13 adulter**, -i m.: Ehebrecher **14 vanus** 3: eitel, nichtig **15 pudor**, -is m.: Schamgefühl **16 decus**, -oris n.: Glanz

21 kommentar

Seneca,
Phaedra, 978–989

983 fasces: Die Rutenbündel sind äußeres Zeichen der Amtsgewalt der römischen Oberbeamten.

987 vitioque potens regnat adulter: vielleicht eine Anspielung auf C. Silius, den Geliebten Messalinas, der dritten Gattin des Kaisers Claudius, vgl. Tacitus, Annalen 11, 26–38 und Sueton, Claudius 26, 2, wo die Reaktion des Kaisers auf den Ehebruch geschildert wird:

Als er aber erfahren hatte, dass sie neben anderen entehrenden Schandtaten auch noch den C. Silius geheiratet hatte und unter Anwesenheit der Auguren ein Ehevertrag über die Mitgift besiegelt worden war, ließ er sie hinrichten. [...]

21 Vertiefung

1 Wie äußert sich die Macht der Fortuna? In welchen Bereichen sind ihre Folgen besonders auffällig?

2 Wie beurteilt Seneca den Fall des ehebrecherischen Machthabers?

22 text

Seneca,
Epistulae morales 51, 8 f.

Kriegserklärung an Fortuna

Im 51. Brief geht Seneca von der Einsicht aus, dass ein weiser Mann einen Ort meiden wird, an dem verderbliches Luxusleben die Menschheit verweichlicht und verdirbt. Als Beispiel führt er das Modebad Baiae bei Neapel in Kampanien an, einen bevorzugten Urlaubsort der römischen Freizeitgesellschaft. Wie sehr gerade diese Gegend zur Verweichlichung verführen konnte, beweist das Beispiel des karthagischen Feldherrn Hannibal, den der dortige *Komfort* entnervte: „Waffen brachten ihm den Sieg, Laster die Niederlage – *armis vicit, vitiis victus est“* (§ 5). Letztere Aussage überträgt Seneca auf die Lebensführung des Menschen: „Auch wir müssen Kriegsdienst leisten – *nobis quoque militandum est“* (§ 6).

8 Fortuna mecum bellum gerit: non sum imperata facturus! Iugum non recipio[1], immo[2], quod maiore virtute faciendum est, excutio[3]! Non est emolliendus[4] animus; si voluptati cessero[5], cedendum est dolori, cedendum est labori, cedendum est paupertati. Idem sibi in me iuris[6] esse volet et ambitio et ira; inter tot affectus[7] distrahar, immo discerpar[8].

9 Libertas proposita est[9]. Ad hoc praemium laboratur. Quae sit libertas, quaeris? Nulli rei servire, nulli necessitati, nullis casibus, fortunam in aequum deducere[10]. Quo die[11] me illa[12] plus posse intellexero, nil poterit.

8 **1 iugum recipere**: das Joch (der Fortuna) auf sich nehmen **2 immo**: nein, im Gegenteil **3 excutio** 3M: h. abschütteln **4 emollio** 4: schwächen, verweichlichen **5 cedo** 3, cessi: nachgeben **6 idem ... iuris** (= gen. part.): dasselbe Recht; sibi = dat. poss. **7 affectus**, -us m.: Leidenschaft **8 discerpo** 3: zerreißen

9 **9 propono** 3, -posui, -positum: in Aussicht stellen **10 fortunam in aequum deducere**: sich vom Geschick nicht unterkriegen lassen **11 quo die** (= relative Inversion) = eo die, quo ... **12 illa** = abl. comp.

22 Vertiefung

Kompetenzorientierte Arbeitsaufgaben ➤ S. 106

1 Wer sind die „Kriegsgegner“ des Menschen? Mit welcher Taktik muss man sich ihnen entgegenstellen?

2 Wie definiert Seneca die Freiheit?

TEIL IV
SINNVOLLER UMGANG MIT DER ZEIT: *OTIUM – NEGOTIUM*

Abb. 29: Salvador Dalí, Profil der Zeit, Bronzeskulptur, 1977.

23 text

Seneca,
Epistulae morales
58, 22–24, gek.

„Alles fließt“ als Prinzip der Vergänglichkeit

22 [...] Nemo nostrum idem est in senectute, qui fuit iuvenis; nemo nostrum est idem mane, qui fuit pridie[1]. Corpora nostra rapiuntur[2] fluminum more. Quidquid vides, currit cum tempore; nihil ex iis, quae videmus, manet; ego ipse, dum loquor mutari ista, mutatus sum.

23 Hoc est, quod ait Heraclitus: „In idem flumen bis[3] descendimus et non descendimus.“ Manet enim idem fluminis nomen, aqua transmissa[4] est. Hoc in amne manifestius[5] est quam in homine; sed nos quoque non minus velox cursus praetervehit[6], et ideo admiror dementiam nostram, quod tantopere[7] amamus rem fugacissimam[8], corpus, timemusque, ne quando moriamur, cum[9] omne momentum mors prioris habitus[10] sit: vis tu non timere[11], ne semel[12] fiat, quod cottidie fit!

24 De homine dixi, fluvida[13] materia et caduca[14] et omnibus obnoxia[15] causis. Mundus quoque, aeterna res et invicta[16], mutatur nec idem manet. Quamvis[17] enim omnia in se habeat, quae habuit, aliter habet quam habuit: ordinem[18] mutat.

22 **1 pridie**: am Vortag **2 rapior** 3M: h. dahingerissen werden, dahingetragen werden

23 **3 bis**: zweimal **4 transmissus** 3: vorbeigeflossen **5 manifestus** 3: deutlich **6 praeterveho** 3: h. vorantreiben **7 tantopere**: so sehr **8 fugax**, -acis: flüchtig, vergänglich **9 cum** concessivum **10 habitus**, -us m.: Zustand **11 vis tu non timere**: verneinter Imperativ **12 semel**: einmal

24 **13 fluvidus** 3: fließend, hinfällig **14 caducus** 3: vergänglich **15 omnibus obnoxia causis**: allen widrigen Umständen ausgesetzt **16 invictus** 3: h. unüberwindlich **17 quamvis** (+ coni.): wenn auch **18 ordo**, -inis m.: Anordnung

23 Kommentar

Seneca,
Epistulae morales 58, 22–24, gek.

23 Heraclitus aus Ephesus (etwa 550–480 v. Chr.): jonischer Naturphilosoph (➤ Einleitung S. 2). Er sieht das Wesen der Welt in ewiger Veränderung und Bewegung („Alles fließt!") und in einer periodischen Erneuerung des Kosmos aus dem Urfeuer als dem Urgrund aller Dinge, der als göttliche Weltvernunft unvergänglich ist. Großer Einfluss auf Platon und die Stoiker.

23 Vertiefung

Kompetenzorientierte Arbeitsaufgaben ➤ S. 106

1 Fasse die Kernaussage des Textes zusammen: Was besagt das Heraklit-Zitat?

2 Reflexion: Welche Einstellung hast du zum Wandel der Zeit und zur Vergänglichkeit des Lebens?

24 Text

Ovid,
Metamorphoses 15, 165–185

„Alles fließt" als Prinzip der Veränderlichkeit

Die erste Hälfte des 15. Buches der **„Metamorphosen"** (V. 60–478) nimmt großteils die Darstellung der Lehre des in Unteritalien wirkenden griechischen Philosophen Pythagoras von Samos (um 570–480 v. Chr., ➤ Einleitung S. 2) ein. – Dem vorliegenden Text gehen ein kurzer Bericht über Leben und Lehre des Philosophen voraus (V. 60–74) sowie der Beginn seines Lehrvortrages (V. 75–164), in dem er zunächst den Genuss tierischer Nahrung als mörderische Tat anprangert (V. 75–142) und das Schicksal des Menschen beschreibt, der in Verachtung der Todesfurcht von der Ewigkeit seiner Seele überzeugt sein soll (V. 143–164).

Abb. 30: Pythagoras im Kreis seiner Schüler *(Pythagoras auf den Stufen sitzend, im Lehrgestus), Buchillustration: Ovid's Metamorphoses, Amsterdam 1717*

Omnia mutantur, nihil interit[1]: errat et illinc[2]
huc venit, hinc illuc[3] et quoslibet[4] occupat artus[5]
spiritus[6] eque[7] feris[8] humana in corpora transit
inque feras noster[9], nec tempore deperit[10] ullo,
utque novis facilis[11] signatur cera[11] figuris
nec manet, ut fuerat, nec formas servat easdem,
sed tamen ipsa eadem est, animam sic semper eandem
esse, sed in varias doceo migrare[12] figuras.
Ergo[13], ne pietas sit victa cupidine ventris[14],
parcite, vaticinor[15], cognatas[16] caede nefanda
exturbare[17] animas, nec sanguine sanguis alatur.
Et quoniam magno feror[18] aequore plenaque ventis
vela[19] dedi: nihil est toto, quod perstet[20], in orbe.
Cuncta fluunt, omnisque vagans[21] formatur imago,
ipsa quoque assiduo[22] labuntur tempora motu,
non secus ac[23] flumen. Neque enim consistere flumen
nec levis[24] hora potest, sed ut unda impellitur[25] unda
urgeturque[26] eadem veniens urgetque priorem[27],
tempora sic fugiunt pariter pariterque sequuntur
et nova sunt semper; nam quod fuit ante, relictum est
fitque, quod haud[28] fuerat, momentaque cuncta novantur.

165 **1 intereo**, -ire: zugrunde gehen **2 illinc**: von dort **3 illuc**: dorthin **4 quilibet**, quaelibet, quodlibet: jeder beliebige **5 artus**, -uum m. pl.: Leib **6 spiritus**, -us m.: Seele, Geist **7 e-que** = et e **8 fera**, -ae: wildes Tier **9 noster** <spiritus> **10 depereo**, -ire: zugrunde gehen **11 facilis cera**: leicht formbares Wachs
170 **12 migro** 1: wandern **13** Lies: **Ergo vaticinor, ne pietas ... victa sit, parcite cognatas animas ... exturbare** **14 cupido ventris**: die Gier des Bauches **15 vaticinor** 1: weissagen, verkünden **16 cognatus** 3: verwandt
175 **17 exturbo** 1: vertreiben, verjagen **18 magno aequore ferri**: auf hoher See dahinfahren; gemeint ist die „hohe See der Gedanken" **19 velum**, -i: Segel **20 persto** 1: Bestand haben **21 vagor** 1: umher-, vorbeistreifen **22 assiduus** 3: beständig, ununterbrochen
180 **23 non secus ac**: nicht anders als **24 levis**, -e: h. flüchtig **25 impello** 3: antreiben **26 urgeo** 2: drängen **27 priorem** <undam>: die vordere <Welle>
185 **28 haud**: nicht

24 Kommentar

Ovid,
Metamorphoses 15, 165–185

178 cuncta fluunt: Vgl. dazu die zum Sprichwort gewordenen Sätze des Vorsokratikers Heraklit von Ephesos (➤ K 23, S. 49): „Es fließe das All nach Flusses Art" (VS 22 A 11); „Man kann nicht zweimal in denselben Fluss steigen" (B 91).

24 Vertiefung

1 Welche Lehre vertritt Pythagoras in V. 165–175 und wie begründet er sie?

2 Womit vergleicht der Philosoph in V. 176 f. das menschliche Leben und welchen Schluss zieht er daraus?

3 Welche Folgerungen zieht Pythagoras aus V. 178–185? Gib den Gedankengang in eigenen Worten wieder.

25 text

Q. Horatius Flaccus,
carmen 1, 11

Versmaß: größerer Asklepiadeus, stichisch

„*Carpe diem* – Nutze den Tag für dich!"

Q. Horatius Flaccus (65–8 v. Chr.), war neben dem Epiker Vergil der berühmteste römische Dichter der Augusteischen Zeit. Sein Werk besteht aus Gedichten in lyrischen Versmaßen, den Oden („***Carmina***") und Epoden, und aus hexametrischen Satiren und Briefen. Die ersten drei Odenbücher sind in den Jahren von 30 bis 23 v. Chr. enstanden, das vierte zwischen 17 und 13 v. Chr. Die Themen der ersten Odengruppe, die seinem Gönner Mäcenas (70–8 v. Chr.) gewidmet ist, sind vielfältig und hauptsächlich an den großen griechischen Dichtern Alkaios (7./ 6. Jh. v. Chr.) und Pindar (6./5. Jh. v. Chr.) sowie der Dichterin Sappho (7./6. Jh. v. Chr.) als Vorbildern orientiert. Inhaltlich zeichnen sie sich durch die Übertragung in die Gegebenheiten des zeitgenössischen römischen Gesellschaftslebens aus, zudem bestechen sie durch sprachliche Meisterschaft, verbunden mit situationsbezogener Einfühlsamkeit und oft auch feinsinniger Ironie.

Tú ne quaésierís[1], scíre nefás, quém mihi, quém tibí
finem di dederint, Leuconoë, nec Babylonios
temptaris[2] numeros! Ut melius, quidquid erit, pati,
seu[3] plures hiemes[4] seu tribuit Iuppiter ultimam,
quae nunc oppositis debilitat[5] pumicibus[6] mare
Tyrrhenum! Sapias[7], vina liques[8] et spatio brevi
spem longam reseces[9]. Dum loquimur, fugerit invida[10]
aetas. Carpe[11] diem, quam minimum credula[12] postero!

1 **1 ne quaesieris** = ne quaesiveris: coni. prohibitivus **2 tempto** 1: erproben **3 seu ... seu ...**: sei es, dass ..., sei es, dass ... **4 hiems**, -is f.: Winter
5 **5 debilito** 1: schwächen; h. die Wogen des Tyrrhenischen Meeres brechen **6 oppositis pumicibus** (= abl. abs.): wobei Bimssteinklippen dagegen stehen **7 sapio** 3M: klug, einsichtig sein **8 liquo** 1: klären, filtern **9 reseco** 1: zurückschneiden, -stutzen **10 invidus** 3: missgünstig, neidisch **11 carpo** 3: (zer-) pflücken; h. genießen **12 credulus** 3: leichtgläubig; h. Vokativ f.: Verlass' dich möglichst wenig auf den nächsten <Tag>!

25 kommentar

Q. Horatius Flaccus,
carmen 1, 11

Versmaß: größerer Asklepiadeus, stichisch (= Vers auf Vers im selben Metrum folgend; keine Strophenbildung)

–́ – –́ ∪ ∪ –́ | –́ ∪ ∪ –́ | –́ ∪ ∪ –́ ∪ ∪̄́

2 Leuconoë: sprechender Name: Mädchen mit klarem Verstand, von griech. λευκός / leukós (= weiß, hell) + νοῦς / nous (= Verstand)

Babylonios numeros: Gemeint sind Horoskope in der Art der babylonischen Astrologie und Astronomie.

5/6 mare Tyrrhennum: Dem Gedicht liegt folgende Szenerie zugrunde: Horaz ist an einem Wintertag bei der Adressatin zu Gast, von deren Villa aus die Küste des Tyrrhenischen Meeres zu sehen ist.

8 carpe diem: Der zum allgemein bekannten Sinnspruch gewordenen Aufforderung liegt ein epikureischer Gedanke zugrunde:

Geboren sind wir nur einmal. [...] Du aber bist nicht der Herr des morgigen Tages und verschiebst immerzu das Erfreuliche. Das Leben schwindet mit Aufschieben dahin, und jeder von uns stirbt, ohne sich jemals Zeit genommen zu haben.

Epikur, Vatikanische Spruchsammlung Nr. 14

E7 text

Trude Marzik,
Österreichische Dichterin (1923–2016)

Heut is heut

Du sollst net immer fragen, wia lang's no dauern kann!
I will des gar net wissen! Was fang i damit an?

I gib nix auf die Zukunft, wia s' im Kaffeesud steht,
und in die Stern. I frag net, wia schnell die Liab vergeht.
Mir schliaffn unter d' Tuchent vielleicht an Winter no,
vielleicht no zwanzig Winter. Was marterst di denn a?

Denkst immer nur an murgen, dann uraßt mit der Zeit.
Denn merk dir ans: mir leben net murgen, sondern heut.

Die Leut wolln alls für ewig, und des is a Malheur.
Nutz jede guate Stund aus, wia wann's die letzte wär!

aus: Trude Marzik, Parallelgedichte. Wien/Hamburg: Paul Zsolnay 1973, S. 31

25 Vertiefung

1 Wie ist das Gedicht gegliedert?

2 In welcher Form bindet Horaz in den Versen 6–8 die epikureische Lebensauffassung ein? (➤ K, Epikur-Zitat)

3 Vergleiche den Horaztext mit der Nachdichtung von Trude Marzik (➤ ET 7) und stelle Parallelen bzw. Unterschiede fest.

26 text

Seneca,
Epistulae morales 1, 1–4, gek.

Einzig die Zeit gehört uns!

Seneca Lucilio suo salutem dicit.

1 Ita fac, mi Lucili: vindica[1] te tibi et tempus, quod adhuc aut auferebatur aut surripiebatur aut excidebat, collige et serva! Persuade tibi hoc sic esse, ut scribo: quaedam tempora eripiuntur nobis, quaedam subducuntur, quaedam effluunt. Turpissi-

1 **1 vindico** 1: freimachen

ma tamen est iactura[2], quae per neglegentiam fit. Et, si volueris attendere[3], magna pars vitae elabitur male agentibus, maxima <pars> nihil agentibus, tota vita aliud[4] agentibus.

2 [...] Fac ergo, mi Lucili, quod te facere scribis: omnes horas complectere[5]! Sic fiet, ut minus ex die crastino pendeas[6], si diei hodierno manum inieceris[7]. Dum differtur[8] vita, transcurrit.

3 Omnia, Lucili, aliena[9] sunt, tempus tantum nostrum est. [...]

4 Interrogabis fortasse, quid ego faciam, qui tibi ista praecipio[10]. Fatebor ingenue[11]: quod apud luxuriosum, sed diligentem evenit, ratio mihi constat[12] impensae! Non possum dicere <me> nihil <temporis> perdere, sed, quid perdam et quare et quemadmodum, dicam.

2 iactura, -ae: Verlust **3 si volueris attendere**: wenn du acht gibst; volueris: Futur II von velle **4 aliud**: h. Belangloses

2 **5 complector** 3: h. nützen **6 pendeo** 2 (ex + abl.): abhängig sein ... von **7 manum inicere**: sich widmen **8 differo**, -ferre: aufschieben

3 **9 alienus** 3: h. fremdbestimmt

4 **10 praecipio** 3M: vorschreiben **11 ingenuus** 3: freimütig, offen **12 ratio mihi constat impensae**: die Rechnung für meinen Aufwand stimmt!

26 Vertiefung

Kompetenzorientierte Arbeitsaufgaben
➤ S. 107

1 Wie klassifiziert Seneca den Zeitverlust? Welche Verben werden hiefür verwendet?

2 Wie könnte der Mensch dem Zeitverlust gegensteuern?

Abb. 31: Salvador Dalí, Die Beständigkeit der Erinnerung *(auch: Die zerrinnende Zeit oder Die weichen Uhren) – The Persistence of Memory, New York: Museum of Modern Art, Ölgemälde 1931, © Salvador Dalí. Foundation Gala – Salvador Dalí / Bildrecht GmbH / Wien*

27 text

Seneca,
dial. 10 (= De brevitate vitae), 14 f., gek.

Sinnerfülltes *otium*

Der Dialog **„Von der Kürze des Lebens – *De brevitate vitae*“** geht von der Tatsache aus, dass sich alle Menschen über die Kürze des Lebens beklagen. Seneca legt zunächst dar, was die Menschen daran hindert, die ihnen zur Verfügung stehende Lebenszeit wirklich zu nützen und echte Muße *(otium)* zu finden (cap. 1). Er kommt zu dem paradoxen Ergebnis, dass gerade das Leben der am meisten beschäftigten Menschen am kürzesten ist (cap. 2–9). Demgegenüber weist der Autor nach, dass das *otium* nutzbringend und sittlich gut ist (cap. 10,1). Der Adressat Paulinus hat sich also mit Recht aus der öffentlichen Tätigkeit in das *otium* zurückgezogen (cap.10, 2–20).

In den cap. 14–15 weist Seneca die Nützlichkeit des *otium* am Beispiel der großen griechischen Philosophen und ihrer Schulen nach. (Zu den Hauptvertretern und ihren Lehren ➤ Einleitung S. 1–7)

14,1 Soli omnium otiosi sunt, qui sapientiae vacant[1], soli vivunt; nec enim tantum suam aetatem[2] bene tuentur[3]: omne aevum[4] suo adiciunt; quidquid annorum ante illos actum est, illis acquisitum est[5]. Nisi ingratissimi sumus, illi clarissimi sacrarum opinionum conditores[6] nobis nati sunt, nobis vitam praeparaverunt. Ad res pulcherrimas ex tenebris ad lucem erutas[7] alieno labore deducimur; nullo nobis saeculo interdictum est[8], in omnia <saecula> admittimur et, si magnitudine animi egredi humanae imbecillitatis angustias[9] libet[10], multum temporis est, per quod spatiemur[11].

14,1 **1 sapientiae vacare**: für die Philosophie Zeit haben **2 aetas**, -atis f.: Lebenszeit **3 tueor** 2: betrachten **4 aevum**, -i: Zeitalter **5 acquiro** 3, -quisivi, -quisitum: dazugewinnen **6 conditor**, -oris m.: Schöpfer **7 eruo** 3, erui, erutum: hervorholen **8 nullo nobis saeculo interdictum est**: von keinem Zeitalter sind wir ausgeschlossen **9 humanae imbecillitatis angustiae**: die Schwierigkeiten menschlicher Schwäche **10 libet** 2 (unpers.): es gefällt **11 spatior** 1: spazieren, schreiten

14,2 Disputare cum Socrate licet, dubitare cum Carneade, cum Epicuro quiescere, hominis naturam cum Stoicis vincere, cum Cynicis excedere[12]. Cum rerum natura in consortium[13] omnis aevi patiatur[14] incedere, quidni[15] ab hoc exiguo[16] et caduco[17] temporis transitu nos toto animo in illa[18] demus, quae immensa, quae aeterna sunt, quae cum melioribus communia? [...]

14,2 **12** <hominis naturam> **excedere**: hinter sich lassen **13 consortium**, -i: Gemeinschaft **14 patior** 3M: h. lassen **15 quidni nos demus?** (= coni. dubitativus): Warum sollen wir uns nicht begeben? **16 exiguus** 3: winzig **17 caducus** 3: hinfällig **18 in illa**: in jene Bereiche

14,5 Hos <homines> in veris officiis morari putamus, qui Zenonem, qui Pythagoram cotidie et Democritum ceterosque antistites[19] bonarum artium, qui Aristotelem et Theophrastum volent habere quam familiarissimos[20]. Nemo horum non[21] vacabit, nemo non venientem ad se beatiorem, amantiorem[22] sui dimittit, nemo quemquam vacuis manibus a se abire patietur. Nocte conveniri[23], interdiu ab omnibus mortalibus possunt.

14,5 **19 antistes**, -itis m.: Meister **20 familiaris**, -e: vertraut **21 nemo ... non** (= Litotes): jeder **22 amantior sui**: ein größerer Freund seiner **23 convenio** 4: h. aufsuchen, antreffen (lies: nocte <et> interdiu conveniri ... possunt)

15,1 Horum nemo te mori coget, omnes <te mori> docebunt; horum nemo annos tuos conterit[24], suos <annos> tibi contribuit; nullius[25] ex his sermo periculosus erit, nullius amicitia capitalis[26], nullius sumptuosa[27] observatio[28]. Feres[29] ex illis, quidquid voles!

15,1 **24 annos conterere**: h. die Jahre vergeuden **25 nullius** = gen. obiectivus **26 capitalis**, -e: h. lebensbedrohlich **27 sumptuosus** 3: aufwändig **28 observatio**, -nis f.: Beachtung **29 fero**, ferre: h. bekommen

15,2 Quae felicitas, quam pulchra senectus illum manet, qui se in horum clientelam[30] se contulit[31]! Habebit <homines>, cum

15,2 **30 clientela**, -ae: Gesellschaft **31 se conferre**: sich begeben quibus de minimis maximisque rebus deliberet[32], quos de se cotidie consulat, a quibus audiat verum sine contumelia[33], laudetur sine adulatione[34], ad quorum similitudinem se effingat[35].

32 delibero 1: sich beratschlagen **33 contumelia**, -ae: h. Beschämung **34 adulatio**, -onis f.:Schmeichelei **35 ad similitudinem se effingere**: sich nach dem Vorbild ausrichten

27 Kommentar

Seneca,
dial. 10 (= De brevitate vitae), 14 f., gek.

14,1 sacrarum opinionum conditores: Die Philosophen werden Religionsstiftern gleichgesetzt.
14,2 Karneades von Kyrene (um 216–129/8 v. Chr.): Schulhaupt der „Mittleren Akademie", die den skeptischen Standpunkt vertrat, dass man nicht das Wahre selbst, sondern nur das Wahrscheinliche erkennen könne. Karneades war Mitglied der athenischen Philosophengesandtschaft, die im Jahre 155 v. Chr. Rom besuchte, und löste durch seine Vorträge Unruhe in den konservativen Senatorenkreisen aus (➤Einleitung S. 8).
14,5 Theophrastus aus Eresos (um 371–280 v. Chr.): engster Mitarbeiter und Freund des Aristoteles

Kompetenzorientierte Arbeitsaufgaben ➤ S. 108

27 Vertiefung

1 Wer allein lebt in Muße? Wie sieht die Lebensführung der *otiosi* aus?

2 Zu 14,2: Was besagen die Infinitive über die philosophische Methode der genannten Philosophen und deren Schulen?

3 Wie wirkt sich der Einfluss der Philosophen auf den Einzelnen aus?

Abb. 32: P. P. Rubens, Seneca und die vier Philosophen *(Seneca als Büste im Hintergrund rechts), Florenz, Galleria Palatina, Ölgemälde 1611–12*

28 text

Cicero,
De officiis 2, 2–6

Bewältigung von Lebenskrisen durch die Beschäftigung mit Philosophie

Im Jahr 44 v. Chr. verfasste Cicero drei Bücher **„Über die Pflichten – *De officiis*"**. Mit diesem Werk hinterlässt er seinem Sohn Marcus gleichsam sein philosophisches Vermächtnis. Die Schrift schließt sich eng an den Stoiker Panaitios von Rhodos (ca. 185/80–110/09 v. Chr.) an, der in dem Werk **„Über das pflichtgemäße Handeln** – περὶ τοῦ καθήκοντος / perì toû kathékontos" zu einer sittlich guten Lebensführung aufgefordert hatte.

Im vorliegenden Text begründet Cicero seine Beschäftigung mit Philosophie, vor allem während seiner erzwungenen politischen Abstinenz.

2 Quamquam enim libri nostri complures <homines> non modo ad legendi, sed etiam ad scribendi studium excitaverunt[1], tamen interdum vereor[2], ne quibusdam bonis viris philosophiae nomen sit invisum[3] mirenturque[4] me in ea tantum operae[5] et temporis ponere. Ego autem, quamdiu[6] res publica per eos gerebatur, quibus se ipsa commiserat[7], omnes meas curas cogitationesque[8] in eam conferebam[9]; cum autem dominatu[10] unius omnia tenerentur neque esset usquam[11] consilio aut auctoritati locus, <cum> socios denique tuendae[12] rei publicae, summos viros, amisissem[13], nec me angoribus[14] dedidi, quibus essem confectus, nisi iis restitissem[15], nec rursum indignis[16] homine docto voluptatibus[17].

2 **1 excito** 1: anregen, ermutigen **2 vereor** 2: fürchten **3 invisus** 3: verhasst **4 miror** 1: sich wundern **5 tantum operae** (= gen. part.): so viel Mühe **6 quamdiu**: solange **7 se committere**: sich anvertrauen **8 cogitatio**, -nis f.: Denken; Gedanke **9 confero**, -ferre: h. verlegen **10 dominatus**, -us m.: Herrschaft **11 neque ... usquam** = et ... nusquam **12 tueor** 2: h. bewahren, schützen **13 amitto** 3, -misi: verlieren **14 angor**, -is m.: Angst **15 resisto** 3, restiti: sich widersetzen, Widerstand leisten **16 indignus** 3 (+ abl.): unwürdig **17 voluptas**, -tis f.: Lust, Genuss, Vergnügen

3 Atque utinam res publica stetisset, quo coeperat[18], statu[19] nec in homines non tam commutandarum[20] quam evertendarum[21] rerum cupidos incidisset[22]! Primum enim, ut stante re publica facere solebamus, in agendo plus quam in scribendo operae poneremus, deinde ipsis scriptis non ea, quae nunc, sed actiones nostras mandaremus, ut saepe fecimus. Cum autem res publica, in qua omnis mea cura, cogitatio, opera poni solebat, nulla esset omnino, illae scilicet[23] litterae conticuerunt[24] forenses et senatoriae[25].

3 **18 coepi**, coepisse: begonnen haben **19 status**, -us m.: Zustand **20 commuto** 1: verändern **21 everto** 3: zerstören **22 incido** 3, -cidi ... in: fallen ... auf **23 scilicet**: freilich **24 conticesco** 2, -ui: verstummen **25 litterae forenses et senatoriae**: Gerichts- und Senatsreden

4 Nihil agere autem cum animus non posset, in his studiis ab initio[26] versatus[27] aetatis existimavi honestissime molestias[28] posse deponi, si me ad philosophiam retulissem[29]. Cui cum multum adulescens discendi causa temporis tribuissem, posteaquam honoribus inservire[30] coepi meque totum rei publicae tradidi, tantum erat philosophiae loci, quantum superfuerat amicorum et rei publicae temporibus; id autem omne consumebatur[31] in legendo, scribendi otium non erat.

4 **26 ab initio aetatis**: von früher Jugend an **27 versor** 1, versatus sum: h. sich beschäftigen **28 molestia**, -ae: Ärger, Verdruss; Depression **29 se referre ad ...**: h. sich widmen **30 honoribus inservire**: nach Staatsämtern streben **31 consumo** 3: aufbrauchen

5 Maximis igitur in malis hoc tamen boni assecuti[32] videmur, ut ea litteris mandaremus, quae nec erant satis nota nostris et erant cognitione[33] dignissima. Quid enim est, per deos, optabilius[34] sapientia, quid praestantius[35], quid homini melius, quid homine dignius? Hanc igitur qui expetunt, philosophi nominantur, nec quicquam aliud est philosophia, si interpretari velis, praeter studium sapientiae. Sapientia autem est, ut a veteribus philosophis definitum est, rerum divinarum aut humanarum causarumque, quibus eae res continentur[36], scientia; cuius studium qui vituperat[37], haud sane[38] intellego, quidnam sit, quod laudandum putet.

5 **32 assequor** 3, assecutus sum: erreichen **33 cognitio**, -nis f.: Kenntnis **34 optabilis**, -e: wünschenswert **35 praestans**, -tis: vortrefflich **36 contineri**: h. beruhen **37 vitupero** 1: tadeln **38 haud sane**: freilich nicht

6 Nam sive[39] oblectatio[40] animi quaeritur requiesque[41] curarum, quae conferri[42] cum eorum studiis potest, qui semper aliquid anquirunt[43], quod spectet et valeat ad bene beateque vivendum?

Sive ratio[44] constantiae[45] virtutisque ducitur, aut haec ars est aut nulla omnino, per quam eas assequamur.

6 **39 sive ... sive ...**: sei es, dass ..., sei es, dass ... **40 oblectatio animi**: geistiger Genuss **41 requies**, -tis f.: Erholung **42 conferre cum ...**: vergleichen mit ... **43 anquiro** 3: erforschen **44 ratio**, -nis f.: h. Lehre, Methode **45 constantia**, -ae: Charakterfestigkeit

Cicero,
De officiis 2, 2–6

28 kommentar

2 per eos ...: Gemeint sind der Senat und die nach bisherigem Verfassungsrecht gewählten Amtsträger des Staates in seiner demokratischen Form.

dominatu unius: Umschreibung der Diktatur Caesars

3 cum res publica ... nulla esset: Beschreibung der politischen Lage nach Caesars Ermordung, in der das Staatswesen im Machtkampf der gegeneinander antretenden Gruppen zugrunde zu gehen drohte.

28 Vertiefung

Kompetenzorientierte Arbeitsaufgaben ➤ S. 109

1 Welche Einstellung der führenden politischen Kräfte Roms zur Philosophie lässt sich in der Einleitung des Textes feststellen?

2 **a** Was teilt Cicero über seine persönliche Beschäftigung mit der Philosophie mit?

b Was leistet die Philosophie konkret für die Bewältigung seiner Lebenskrise?

c Wie definiert er die Philosophie und ihre Leistungen?

29 text

Seneca,
Epistulae morales 15, 1–6, gek.

Ein gesunder Geist in einem gesunden Körper

Seneca Lucilio suo salutem

1 Mos antiquis[1] fuit usque ad meam aetatem servatus, primis epistulae verbis adicere: „Si vales[2], bene est, ego valeo.“ Recte nos dicimus: „Si philosopharis, bene est.“ Valere enim hoc demum[3] est; sine hoc aeger est animus. [...]

2 Ergo hanc valetudinem praecipue cura[4], deinde et illam secundam[5], quae non magno tibi constabit[6], si volueris bene valere! Stulta est enim, mi Lucili, et minime conveniens[7] litterato[8] viro occupatio exercendi lacertos[9] et dilatandi cervicem[10] ac latera[11] firmandi. Cum tibi feliciter sagina[12] cesserit[13] et tori[14] creverint, nec vires umquam opimi[15] bovis nec pondus aequabis[16]. Adice nunc, quod maiore corporis sarcina[17] animus eliditur[18] et minus agilis est. Itaque quantum potes, circumscribe[19] corpus tuum et animo locum laxa[20]!

3 Multa incommoda sequuntur huic curae deditos[21]: primum exercitationes, quarum labor spiritum exhaurit[22] et inhabilem intentioni[23] ac studiis acrioribus[24] reddit;

1 **1 antiquis** = maioribus **2 valeo** 2: gut gehen, gesund sein **3 demum**: erst

2 **4 curo** 1: sich kümmern um **5 illam secundam**: jene zweite: gemeint ist die Gesundheit des Körpers **6 magno constare**: teuer zu stehen kommen, viel kosten **7 minime conveniens**: völlig unpassend **8 litteratus** 3: gebildet **9 lacertus**, -i: Oberarm **10 cervicem dilatare**: den Nacken wuchtiger machen **11 latera**, -um n. pl.: Brustmuskulatur **12 sagina**, -ae: Mastkur **13 feliciter cedere**: h. erfolgreich verlaufen **14 torus**, -i: Muskel **15 opimus** 3: feist **16 aequo** 1: h. erreichen **17 corporis sarcina**: Körpergewicht **18 elido** 3: erdrücken **19 circumscribo** 3: h. kurz halten **20 locum laxare**: Raum schaffen

3 **21 dedo** 3 (med. pass.): sich hingeben, frönen **22 exhaurio** 4: h. auslaugen **23 inhabilis intentioni**: unfähig zur Konzentration **24 acer**, acris, acre: h. scharfsinnig

deinde copia ciborum[25] subtilitas[26] impeditur. [...]

4 Sunt exercitationes et faciles et breves, quae corpus et sine mora[27] lassent[28] et tempori parcant, cuius praecipua ratio[29] habenda est: cursus et cum aliquo pondere[30] manus motae[31] et saltus: quod libet ex his, elige!

5 Quidquid facies, cito redi a corpore ad animum! Illum noctibus ac diebus exerce! Labore modico alitur ille. Hanc exercitationem non frigus[32], non aestus[33] impediet, ne senectus quidem. Id bonum cura, quod vetustate[34] fit melius!

6 Neque ego te iubeo semper imminere[35] libro aut pugillaribus[36]. Dandum est aliquod intervallum animo, ita tamen, ut non resolvatur[37], sed remittatur[38].

25 copia ciborum: die Fülle der Nahrung **26 subtilitas**, -atis f.: Einfallsreichtum

4 **27 mora**, -ae: Zeitaufwand **28 lasso** 1: müde machen **29 rationem habere**: Bedacht nehmen **30 pondus**, -eris n.: h. Hantel **31 manus motae**: Armbewegungen

5 **32 frigus**, -oris n.: Kälte **33 aestus**, -us m.: Hitze **34 vetustas**, -atis f.: Alter

6 **35 immineo** 2: h. hocken auf **36 pugillares**, -ium m.: Schreibtäfelchen **37 resolvo** 3 (pass.): erschlaffen **38 remitto** 3: h. erfrischen

29 Vertiefung

1. Von welcher Grußformel geht Seneca zu Beginn des Briefes aus und wie deutet er sie um?
2. Vergleiche die Argumente für geistige und gegen körperliche Tätigkeit miteinander und gib dazu eine Stellungnahme ab. Welchen Stellenwert nimmt körperliche Betätigung nach heutigen Erkenntnissen ein?
3. Welche Empfehlungen erteilt der Autor in § 4–6?

Abb. 33: Athletenmosaik, *Gafsa, Tunesien, 4. Jh. n. Chr., Detail*

TEIL V
WEGE ZUM GLÜCKSELIGEN, SINNERFÜLLTEN LEBEN

30 text

Seneca,
Dialogus 7 (= De vita beata), 1, 1–3

„Alle wollen glücklich sein“

Seneca hat den Dialog **„Vom glücklichen Leben – *De vita beata*“** seinem älteren Bruder Annaeus Novatus gewidmet, der nach Adoption den Namen L. Iunius Gallio Annaeanus trug. Bekannt ist Gallio durch seine Tätigkeit als römischer Prokonsul in Achaia. Vor seinem Amtssitz in Korinth war der Apostel Paulus von den Juden angeklagt worden, Gallio weigerte sich aber, sich in deren interne Angelegenheiten einzumischen (Apg. 18, 12–17). Der Dialog handelt von der Eudaimonie *(beatitudo)*, seit Platon und Aristoteles zentrales Thema der Ethik, das Antwort auf die alle Menschen treffende Frage nach dem erfüllten und rechten Leben zu geben versucht. Seneca beantwortet sie im ersten Teil des Werkes (1–16) mit der Zielformel der Stoa, wonach die Eudaimonie in einem mit der göttlichen Allnatur übereinstimmenden Leben besteht: „Glücklich ist also ein Leben in Übereinstimmung mit der Natur – *beata est ergo vita conveniens naturae suae*“ (3,3) und „Dasselbe also ist es, glücklich und gemäß der Natur zu leben – *idem est ergo beate vivere et secundum naturam*“ (8,2). Im zweiten Teil (17–28) setzt sich Seneca mit dem gegen ihn gerichteten Vorwurf auseinander, dass die von ihm vertretene Lehre nicht mit seiner Lebensführung übereinstimme.

1,1 Vivere, Gallio frater, omnes beate volunt, sed ad pervidendum, quid sit, quod beatam vitam efficiat, caligant[1]; adeoque non est facile consequi beatam vitam, ut eo[2] quisque ab ea longius recedat[3], quo[2] ad illam citatius[4] fertur, si via lapsus est[5]; quae ubi in contrarium ducit, ipsa velocitas maioris intervalli causa fit. Proponendum[6] est itaque primum, quid sit, quod appetamus; tunc circumspiciendum, qua[7] contendere illo[8] celerrime possimus, intellecturi in ipso itinere, si modo rectum erit, quantum cottidie profligetur[9] quantoque propius ab eo simus, ad quod nos cupiditas naturalis impellit.

1,2 Quamdiu quidem passim[10] vagamur non ducem secuti, sed fremitum[11] et clamorem dissonum[12] in diversa vocantium[13], conteretur[14] vita inter errores brevis, etiam si dies noctesque bonae menti laboremus[15]. Decernatur itaque, et quo tendamus et qua, non sine perito aliquo, cui[16] explora-

1,1 **1 caligo** 1: im Dunkeln tappen **2 eo ... quo**: umso ... je **3 recedo** 3: abweichen **4 citatus** 3: hastig **5 <in> via labi**: h. sich im Weg irren **6 propono** 3: sich vor Augen halten **7 qua**: auf welchem Wege **8 illo** (adv.): dorthin **9 profligo** 1: bewältigen

1,2 **10 passim**: planlos **11 fremitus**, -us m.: Lärm **12 dissonus** 3: wirr **13 in diversa vocantes**: Leute, die uns in die verkehrte Richtung locken **14 contero** 3: aufreiben **15 laboro** 1 (+ dat.): sich bemühen um ... **16 cui** = a quo

ta sint ea, in quae procedimus, quoniam quidem non eadem hic, quae in ceteris peregrinationibus[17] condicio est: in illis comprensus aliquis limes[18] et interrogati incolae non patiuntur errare; at hic tritissima[19] quaeque via et celeberrima maxime decipit.

1,3 Nihil ergo magis praestandum[20] est, quam ne pecorum ritu[21] sequamur antecedentium gregem[22], pergentes[23] non quo eundum est, sed quo itur. [...]

17 peregrinatio, -nis f.: Reise **18 comprensus limes**: der eingeschlagene Weg **19 tritissima quaeque via et celeberrima**: gerade der meistbegangene und belebteste Weg

1,3 **20 praesto** 1: leisten **21 pecorum ritu**: wie das Vieh **22 grex**, gregis m.: Herde **23 pergo** 3: aufbrechen

30 Kommentar

Seneca,
Dialogus 7 (= De vita beata), 1, 1–3

1 **proponendum est**: Seneca gibt an, wie er die Aufgabe, das Wesen der *beata vita* zu bestimmen, lösen will.
in ipso itinere: Im gesamten Einleitungsteil wird das menschliche Leben im bekannten Vergleich mit einem Weg angesprochen.

30 Vertiefung

1 Stelle die von Seneca verwendeten Ausdrücke für den Lebensweg-Vergleich zusammen.

2 An wem soll sich der Mensch orientieren?

31 Text

Erasmus von Rotterdam,
Laus stultitiae 30, gek.

Nur Torheit führt zum Glück!

Der niederländische Humanist **Erasmus von Rotterdam** (1466/69–1536) trat nach einer hervorragenden Ausbildung in den Orden der Augustinerchorherrn ein und wurde 1492 zum Priester geweiht. Von 1492–1495 studierte er an der Pariser Universität Sorbonne Theologie, wurde aber im Gegensatz zu den Vertretern der dortigen Lehrmeinungen einer der schärfsten Verächter der nominalistischen Spätscholastik, die sich auf formales Argumentieren beschränkte. Auf seiner ersten Englandreise 1499/1500 knüpfte er Kontakte zu Vertretern des englischen Renaissance-Humanismus, die ihn auch mit den parallel entwickelten Ideen der Platonischen Akademie in Florenz vertraut machten. Er stand mit nahezu allen bedeutenden Herrschern und Persönlichkeiten des geistigen Lebens seiner Zeit in brieflicher Verbindung und vermittelte ihnen darin seine kritischen und reformfreudigen Anschauungen zu Themen der Theologie, Philosophie, Pädagogik und Politik. Sein vielfältiges und umfangreiches literarisches Schaffen weist ihn als einen der besten Kenner der Antike und einen der größten Vertreter humanistischer Gelehrsamkeit aus.

Auf der Rückreise aus Italien, wo er, bereits zu europäischer Bekanntheit gelangt, 1506 den Doktorgrad an der Universität Turin erwarb, entwarf er das bis heute berühmte Werk **„Lob der Torheit – *Laus Stultitiae*“**. Die „Torheit“ erscheint darin als unentbehrliche Grundvoraussetzung für das Zusammenleben der Menschheit. Mit ironischer Kritik an allzu starren moralphilosophischen Theorien behauptet Erasmus, die Welt könne ohne die Torheit nicht existieren, und wer vollkommen vernünftig und leidenschaftslos lebe, sei kein Mensch.

[...] Adeste igitur paulisper, Iovis filiae[1], dum ostendo nec ad egregiam illam sapientiam ac felicitatis, ut ipsi vocant, arcem aditum esse cuiquam nisi Stultitia[2] duce.

Iam primum illud in confesso est[3] affectus omnes ad Stultitiam pertinere. Quandoquidem[4] hac nota[5] a stulto sapientem discernunt[6], quod illum affectus, hunc ratio temperat[7]. Eoque[8] Stoici perturbationes omnes ceu[9] morbos a sapiente semovent[10], verum affectus isti non solum paedagogorum vice funguntur[11] ad sapientiae portum properantibus, verum etiam in omni virtutis functione[12] ceu calcaria[13] stimulique[14] quidam adesse solent, velut ad bene agendum exhortatores[15]. Quamquam[16] hic fortiter reclamat[17] bis[18] Stoicus Seneca, qui prorsum[19] omnem affectum adimit[20] sapienti. Verum cum id facit, iam ne hominem quidem relinquit, sed novum potius[21] Deum quendam δημιουργεῖ[22], qui nusquam nec exstitit umquam, nec exstabit: immo[23] ut apertius dicam, marmoreum hominis simulacrum constituit, stupidum[24] et ab omni prorsus humano sensu alienum.

Quis enim non istiusmodi hominem ceu portentum ac spectrum[25] fugitet horreatque, qui ad omnes naturae sensus obsurduerit[26], qui nullis sit affectibus[27] nec amore nec misericordia magis commoveatur; [...] qui solus se ipso sit contentus, solus dives, solus sanus, solus rex, solus liber, breviter[28] omnia solus, sed suo solius iudicio; qui nullum moretur[29] amicum, ipse amicus nemini, qui diis quoque ipsis non dubitet mandare laqueum[30]; qui, quidquid in omni vita geritur, velut insanum

Abb. 34: Hans Holbein d. J., Erasmus von Rotterdam,
Paris, Louvre, Ölgemälde 1523

1 **1 Iovis filiae** = Musen **2 stultitia**, -ae: (personifzierte) Torheit

5 **3 in confesso esse**: allgemein zugestanden werden (+ AcI) **4 quandoquidem**: denn ... ja **5 nota**, -ae: Merkmal **6 discernunt** (unpers. zu übersetzen): man unterscheidet

10 **7 tempero** 1: h. leiten **8 eo**: deshalb **9 ceu**: wie **10 semoveo** 2: trennen **11 paedagogorum vice fungi**: die Aufgabe von Erziehern erfüllen

15 **12 functio**, -nis f.: Ausübung **13 calcaria**, -ium n. pl.: Sporen **14 stimulus**, -i: Stachel **15 exhortator**, -is m.: Ermunterer **16 quamquam**: indessen **17 reclamo** 1: laut widersprechen **18 bis Stoicus**: h. Über-Stoiker **19 prorsum**: geradezu **20 adimo** 3: h. absprechen

20 **21 potius**: eher **22 δημιουργεῖ** (demiurgeî): er schafft ➤ K **23 immo**: im Gegenteil

25 **24 stupidus** 3: stumpfsinnig **25 portentum ac spectrum**: Schreckenserscheinung

30 **26 obsurdecsco** 3, -dui: taub werden **27 affectibus**: abl. qualitatis

35 **28 breviter**: kurz gesagt **29 moror** 1: h. sich kümmern um **30 mandare laqueum**: den Strick drehen

damnet rideatque? Atqui huiusmodi animal est absolutus[31] ille sapiens. Quaeso, si res agatur suffragiis[32], quae civitas istiusmodi magistratum sibi velit, aut quis exercitus talem optet ducem? immo quae mulier id genus[33] maritum, quis convivator[34] eiusmodi convivam[35], quis servus talibus moribus dominum vel optet vel ferat? Quis autem non malit vel unum quemvis de media stultissimorum hominum plebe, qui stultus stultis vel imperare possit vel parere, qui sui similibus placeat, sed quam plurimis, qui comis[36] sit in uxorem, iucundus amicis, bellus[37] conviva, convictor[38] facilis[39], postremo qui nihil humani a se alienum putet? Sed me quidem iam dudum istius sapientis piget.

40 **31 absolutus** 3: vollkommen **32 suffragium**, -i: Abstimmung

45 **33 id genus**: derartig **34 convivator**, -is m.: Gastgeber **35 conviva**, ae m.: Gast

50 **36 comis**, -e: freundlich **37 bellus** 3: nett **38 convictor**, -is: Gesellschafter **39 facilis**, -e: umgänglich

31 Kommentar

22 δημιουργεῖ: ironische Anspielung auf den „Demiurgen", den Weltschöpfer und -baumeister aus Platons Dialog ***„Timaios"***.

54 nihil humani alienum putet: Zitat aus der Komödie „Der Selbstquäler – *Heautontimorúmenos*" des römischen Dichters Terenz (2. Jh. v. Chr.), das schon in der Antike sprichwörtlich angewendet wurde, um Verständnis für menschliche Schwächen auszudrücken:

Ich bin ein Mensch, nichts Menschliches, glaube ich, liegt mir fern. –
Homo sum, humani nil a me alienum puto.

31 Vertiefung

Kompetenzorientierte Arbeitsaufgaben ➤ S. 110

1 Wie beschreibt Erasmus die Lehre der Stoa von den Affekten? Was kritisiert er an der Auffassung Senecas?

2 Welche negativen Eigenschaften trägt der stoische „Ideal-Weise" im 3. Absatz des Textes (Z. 28 ff.)?

3 In welchen Bereichen der menschlichen Gesellschaft ist der Weise nach der Ansicht des Erasmus im 4. Absatz des Textes (Z. 42 ff.) fehl am Platz?

32 Text

Cicero,
De finibus bonorum et malorum 1, 29 f., gek.

voluptas – das höchste Gut nach Epikur

In Ciceros **„Über das höchste Gut und das größte Übel – *De finibus bonorum et malorum*“** erläutert L. Torquatus die Lehre Epikurs:
Definition des *summum bonum* (Cic. fin. 1, 37): Die Befreiung von Schmerz wird mit Recht Lust genannt – *doloris omnis privatio recte nominata est voluptas.*
Definition des *summum malum* (Cic. fin. 1, 41): Das größte Übel ist offensichtlich ein Leben in Schmerz – *summum profecto malum est vivere cum dolore.*
Nach Epikur gibt es kein „Mittelding“ (Cic. fin. 1, 38): Daher vertrat Epikur die Meinung, es gäbe keinen mittleren Zustand zwischen Schmerz und Lust – *itaque non placuit Epicuro medium esse quiddam inter dolorem et voluptatem.*
Schlussfolgerung (Cic. fin. 1, 42): Das höchste Gut ist lustvoll zu leben – *summum esse bonum iucunde vivere.*

29 Quaerimus, quid sit extremum et ultimum bonorum; quod omnium philosophorum sententia tale debet esse, ut ad id omnia referri[1] oporteat, ipsum autem nusquam[2]. Hoc Epicurus in voluptate ponit, quod[3] summum bonum esse vult, summumque malum dolorem[4], idque instituit[5] docere sic:

30 Omne animal, simulatque[6] natum sit, voluptatem appetere eaque gaudere ut summo bono, dolorem aspernari[7] ut summum malum et, quantum possit, a se repellere[8], idque facere nondum depravatum[9] ipsā naturā incorrupte[10] atque integre iudicante. Itaque <Epicurus> negat opus esse ratione[11] neque disputatione, quam ob rem voluptas expetenda, fugiendus dolor sit. Sentiri haec putat ut[12] calere[13] ignem, nivem esse albam, mel dulce; quorum nihil oportere exquisitis[14] rationibus confirmare, tantum[15] satis esse admonere[16].

29 **1 referri ad ...**: sich beziehen auf ... **2 nusquam**: h. auf nichts **3 quod ... vult** (AcI im Relativsatz; quod bezieht sich auf voluptas, kongruiert jedoch mit summum bonum): ... von der er will, dass sie (= voluptas) das summum bonum sei **4 dolor**, -is m.: Schmerz im Sinn von Unlust **5 instituo** 3: h. beginnen

30 **6 simulatque**: sobald **7 aspernor** 1: vermeiden **8 a se repellere**: von sich weisen **9 nondum depravatus** 3: noch unverdorben **10 incorruptus** 3: unverfälscht **11 ratio**, -nis f.: h. Beweis **12 ut**: ebenso wie **13 caleo** 2: heiß sein **14 exquisitus** 3: h. scharfsinnig, ausgeklügelt **15 tantum**: nur **16 admoneo** 2: h. hinweisen

32 Vertiefung

1 Wie benennt Epikur das höchste Gut, wie das höchste Übel?

2 Welchen „Beweis“ bringt er für sein *summum bonum* vor?

3 Vergleiche die Zielformulierungen Epikurs (➤ Einleitung zu T 32) und der Stoa (➤ T 15, S. 35: Sen. dial. 8, 5, 1): Worin liegt der wesentliche Unterschied?

33 text

Seneca,
Epistulae morales 23, 1–4, gek.

„Lerne dich zu freuen!“

Seneca ermuntert Lucilius, sich um wahre Freude zu bemühen.

1 [...] Ego vero aliquid, quod et mihi et tibi
prodesse possit, scribam: [...] Ne gaudeas
2 vanis[1]! [...] Ad summa[2] pervenit, qui scit,
quo gaudeat, qui felicitatem suam in alie-
na potestate non posuit. [...]
3 Hoc ante omnia fac, mi Lucili: disce gaude-
re! Existimas nunc me detrahere tibi multas
voluptates, qui fortuita submoveo[3], qui
spes, dulcissima oblectamenta[4], devitandas
esse[5] existimo? Immo contra[6]: nolo tibi um-
quam deesse laetitiam. Volo illam tibi do-
mi[7] nasci: nascitur, si modo intra te ipsum
fit. Ceterae hilaritates[8] non implent pectus:
frontem remittunt[9], leves sunt, nisi forte tu
4 iudicas eum gaudere, qui ridet. [...] Mihi
crede, verum gaudium res severa est!

2 **1 vanus** 3: nichtig, belanglos **2 ad summa** = ad summam laetitiam

3 **3 fortuita submovere**: Geschenke des Zufalls wegnehmen **4 oblectamentum**, -i: h. Ablenkung **5 devito** 1: meiden **6 immo contra**: ganz im Gegenteil **7 domi**: im Inneren **8 hilaritas**, -atis f.: (oberflächliche) Heiterkeit **9 frontem remittere**: die Stirn glätten

33 Vertiefung

Kompetenzorientierte Arbeitsaufgaben ➤ S. 111

1 Welche Begriffe verwendet der Autor für „Freude“ bzw. „sich freuen“? Liste sie auf und untersuche ihre tiefere Bedeutung.

2 Was versteht Seneca unter wahrer Freude?

34 text

Seneca,
Dialogus 10 (= De brevitate vitae), 7, 1–3

Zeitverschwendung hektischer Manager

Die meisten Menschen beklagen sich über die Kürze der Lebenszeit. An diesem Zustand sind sie selbst schuld, da ihre alltäglichen Tätigkeiten sie daran hindern, über die Zeit selbst bestimmend zu verfügen. Besonders anfällig dafür sind hektische Manager *(homines occupati)*, die sich oft als unfähig erweisen, die Zeit richtig zu nutzen, und sie noch dazu in verkommenem Lebenswandel verschwenden.

7,1 In primis autem et illos numero, qui nulli rei nisi vino ac libidini vacant[1]; nulli enim turpius occupati[2] sunt. Ceteri etiam si vana gloriae imagine teneantur, speciose[3] tamen errant; licet[4] avaros mihi, licet iracundos enumeres vel odia exercentes vel iniusta bella, omnes isti virilius[5] peccant: in ventrem[6] ac libidinem proiectorum[7] inhonesta tabes[8] est.

7,2 Omnia istorum tempora excute[9], aspice, quam diu computent[10], quam diu insidientur[11], quam diu timeant, quam diu colant, quam diu colantur, quantum vadimonia[12] sua atque aliena occupent[13], quantum convivia, quae iam ipsa officia sunt: videbis, quemadmodum illos respirare non sinant vel mala sua vel bona.

7,3 Denique inter omnes convenit[14] nullam rem bene exerceri posse ab homine occupato, non eloquentiam, non liberales disciplinas[15], quando[16] districtus[17] animus nihil altius recipit, sed omnia velut inculcata[18] respuit[19]. Nihil minus est hominis[20] occupati quam vivere: nullius rei difficilior scientia est. Professores aliarum artium vulgo[21] multique sunt, quasdam vero ex his pueri admodum ita[22] percepisse[23] visi sunt, ut etiam praecipere[24] possent: vivere tota vita discendum est et, quod maxime fortasse miraberis, tota vita discendum est mori.

7,1 **1 vaco** 1: Zeit haben **2 occupatus** 3: beschäftigt **3 speciosus** 3: blendend **4 licet** (+ coni.): wenn auch **5 virilius**: auf männlichere Art **6 venter,** -tris m.: Bauch; h. Völlerei **7 proiectus** 3: hingerissen zu **8 tabes**, -is f.: Krankheit, Verfall

7,2 **9 excutio** 3M: h. untersuchen **10 computo** 1: rechnen **11 insidior** 1: auf eine günstige Gelegenheit warten **12 vadimonium**, -i: Gerichtstermin **13 occupo** 1: h. beanspruchen

7,3 **14 convenit**: es herrscht Übereinstimmung **15 liberales disciplinae**, -arum: Wissensfächer **16 quando**: zumal da **17 districtus** 3: zerrissen, überbeansprucht **18 inculcatus** 3: hineingestopft **19 respuo** 3: wieder ausspeien **20 nihil minus est hominis**: nichts versteht ein Mensch weniger **21 vulgo**: überall **22 admodum ita**: bereits so sehr **23 percipio** 3M: begreifen **24 praecipio** 3M: lehren

Abb. 35: Hektik an der New Yorker Börse

Seneca,
Dialogus 10 (= De brevitate vitae), 7, 1–3

34 Kommentar

7,3 liberales disciplinae: ➤ Einleitung S. 8
vivere tota vita discendum est: vgl. Cicero, Tusc. 1,75 (➤ T 45, S. 88)

Abb. 36: Epitaph des Rupert Streicher, *Inschrift im Sacellum des alten Salzburger Universitätsgebäudes, Ecke Hofstallgasse/ Karajan-Platz*

E8 **text**

Epitaph des Rupert Streicher,
Inschrift im Sacellum des alten Salzburger Universitätsgebäudes

Die Lebensweisheit eines Arztes – Epitaph des Rupert Streicher

Lies und trauere, Wanderer!

Es liegt hier der edle und hervorragende Rupert Streicher aus Salzburg, zweier großer Fürsten von Salzburg Ratsherr. Verlangst du darüber hinaus zu wissen, wie er war? Erfahre es kurz: Seine ganze Anlage war es, gut zu sein. Niemand bat ihn, ohne dass er ihm Gutes tat. Während er sich durch klugen Rat, erfolgreiche Heilung um eine Mehrzahl verdient machte, tauschte er ein arbeitsam verrichtetes Leben schließlich mit geruhsamem Frieden im Jahre 1687, seinem 58. Lebensjahr. Er ruht, der eben noch 37 Jahre sich für das Vaterland abmühte. Du, Wanderer, erbitte für ihn ewige Ruhe, und von einem Arzt lerne die wahrhaftigste Lebensweisheit: Wir sterben für die Zeit, werden geboren für die Ewigkeit. Lebe wohl und gehe hin, eingedenk des Todes. Die Kunst der Künste ist sterben zu wissen.

34 **Vertiefung**

Kompetenzorientierte Arbeitsaufgaben ➤ S. 112

1 **a** Welche Gruppen von *homines occupati* führt Seneca an?

b Was steckt hinter ihrem Fehlverhalten?

c Welche Einsicht kann sie vor ihrer Zeitverschwendung retten?

2 Zitiere die Kernaussage des Seneca-Textes und vergleiche sie mit der Lebensweisheit des Arztes (➤ ET 8).

TEIL VI
FORMEN DER LEBENSBEWÄLTIGUNG

35 text

Cicero,
Laelius de amicitia 20; 22, gek.

Der Wert der Freundschaft

20 Est enim amicitia nihil aliud nisi[1] omnium divinarum humanarumque rerum cum benivolentia[2] et caritate[3] consensio[4]; qua[5] quidem haud scio an[6] excepta sapientia nihil[6] melius homini sit a dis immortalibus datum. [...] Haec ipsa virtus amicitiam et gignit et continet nec sine virtute amicitia esse ullo pacto[7] potest. [...]

22 Amicitia tantas opportunitates[8] habet, quantas vix queo[9] dicere. Principio[10] qui[11] potest esse ‚vita vitalis'[12], ut ait Ennius, quae non in amici mutua[13] benevolentia conquiescit[14]? Quid dulcius quam habere, quicum[15] omnia audeas sic loqui ut tecum? Qui esset tantus fructus in prosperis rebus[16], nisi haberes[17], qui illis aeque ac[18] tu ipse gauderet? Adversas[19] vero ferre difficile esset sine eo, qui illas gravius etiam quam tu ferret, denique ceterae res, quae expetuntur[20], opportunae[21] sunt singulae rebus fere singulis[22]: divitiae, ut utare[23], opes, ut colare[23], honores, ut laudere[23], voluptates[24], ut gaudeas, valetudo, ut dolore careas et muneribus fungare[23] corporis. Amicitia res plurimas continet; quoquo[25] te verteris, praesto est[26], nullo loco excluditur, numquam intempestiva[27], numquam molesta est; itaque non aqua, non igni, ut aiunt, locis pluribus utimur quam amicitia. Neque ego nunc de vulgari[28] aut de mediocri[29], quae tamen ipsa et delectat et prodest, sed de vera et perfecta loquor, qualis eorum, qui pauci nominantur[30], fuit. Nam et secundas res splendidiores[31] facit amicitia et adversas partiens[32] communicansque[33] leviores.

20 **1 nihil aliud nisi**: nichts anderes als **2 benivolentia**, -ae: Wohlwollen **3 caritas**, -tis f.: Wertschätzung **4 consensio**, -nis f.: Übereinstimmung **5 qua** = rel. Anschluss zu consensio; abl. comp. **6 haud scio an** = vielleicht **7 nec ... ullo pacto**: und keinesfalls

22 **8 opportunitas**, -tis f.: Annehmlichkeit **9 queo** = possum **10 principio**: zunächst **11 qui**: wie? **12 vitalis**, -e: lebenswert **13 mutuus** 3: gegenseitig **14 conquiesco** 3: Ruhe finden **15 quicum** = cum quo **16 prosperae res**: Glück **17 haberes**: erg. aliquem **18 aeque ac**: im gleichen Ausmaß wie **19 adversas**, erg. res: Unglück **20 expeto** 3: erstreben **21 opportunus** 3: dienlich **22 rebus fere singulis**: meist nur für einzelne Zwecke **23 utare ... colare ... laudere ... fungare**: Kurzformen für utaris ... colaris ... lauderis ... fungaris **24 voluptas**, -tis f.: sinnliche Lust **25 quoquo**: wohin immer **26 praesto esse**: gegenwärtig sein **27 intempestivus** 3: ungelegen **28 vulgaris**, -e: allgemein üblich **29 mediocris**, -e: gewöhnlich **30 qualis eorum, qui pauci nominantur**: wie <die Freundschaft> der wenigen, deren Namen man nennt **31 splendidus** 3: glanzvoll **32 partior** 4: aufteilen **33 communico** 1: mitteilen

35 kommentar

Cicero,
Laelius de amicitia 20; 22 gek.

20 est enim ...: Definition der idealen Freundschaft, die Cicero dem wichtigsten Gesprächspartner seines Dialogs ***„Laelius de amicitia“*** in den Mund legt. **C. Laelius**, ca. 190–129 v. Chr., Freund des jüngeren Scipio, des Eroberers von Karthago (146 v. Chr.), setzte sich in dessen Umgebung (dem sog. „Scipionenkreis“) intensiv mit griechischer Philosophie, besonders der Stoa, auseinander, was ihm den Beinamen *„Sapiens“* eintrug. Er gilt – nicht zuletzt durch Ciceros Vermittlung – als herausragender Repräsentant von römischer *virtus* und Freundschaft. Zum Freundespaar Scipio – Laelius ➤ ET 9.

omnium divinarum et humanarum rerum: „polare“ Ausdrucksweise, die durch die gemeinsame Nennung der gegensätzlichen Pole eine alles einschließende Gesamtheit bezeichnet

22 qui potest ... quid dulcius ... qui esset ...?: rhetorische Fragen zur gedanklichen Anregung

vita vitalis: alliterierendes Wortspiel *(Annominatio)* in der Sonderform einer *figura etymologica* (Wiederholung des substantivischen Wortstamms *vita* im Adjektiv *vitalis)*. Gedanklich liegt in der Frage zudem die scharf pointierende rhetorische Figur des Oxymorons vor.

ut ait Q. Ennius: Der Dichter Q. Ennius, 239–169 v. Chr, aus Rudiae in Kalabrien stammend, übertrug griechische Tragödien und Komödien frei ins Lateinische und schrieb auch Dramen römischen Inhalts *(fabulae togatae)*. Er gilt durch sein erstmals in Hexametern verfasstes, nur bruchstückhaft erhaltenes Epos *„Annales“*, einer römischen Geschichte von den Anfängen Roms bis zu seiner Zeit, als der eigentliche Schöpfer des historischen römischen Epos.

neque ego de vulgari aut de mediocri ... sed de vera perfectaque: Laelius meint damit die landläufige Freundschaft innerhalb der ungebildeten Menge im Gegensatz zur geringen Zahl der *sapientes*.

et delectat et prodest: Die Abwertung der „gewöhnlichen“ Freundschaft wird im nachfolgenden Relativsatz gemildert, in der ihr Laelius durchaus auch eine erfreuliche und nützliche Wirkung zugesteht. Bekannt ist das Begriffspaar *delectare – prodesse* auch in der Zweckbestimmung der Dichtung bei Horaz, *„Ars poetica“* 333 f. (➤ T 10, S. 27).

E9 text

Sebastian Brant,
Das Narrenschiff
(Moralsatire, Basel 1494)

Von wahrer Freundschaft

Wer Gewalt und Unrecht einem Mann
antut, der Leid ihm nie getan,
da stoßen sich zehn andre dran.
[...]
Wer einem Freund ein Leid antut,
der Hoffnung, Treu und Mut
allein gesetzet hat auf ihn,
der ist ein Narr und ohne Sinn.
Es gibt nicht mehr ein Freundespaar,
wie Jonathan und David war,
Patroklos und Achill dabei,
Orest und Pylades, die zwei,
wie Demades und Pythias
oder der Schildknecht Saulis war
und Scipio und Laelius, die beiden.
Wo Geld gebricht, muß Freundschaft scheiden;
die Nächstenliebe so weit nicht geht,
wie im Gesetz geschrieben steht:
Der Eigennutz vertreibt das Recht,
die Freundschaft, Lieb', Sippschaft, Geschlecht;
es lebt jetzt keiner Moses gleich,
an Nächstenlieb wie dieser reich.
[...]

35 Vertiefung

1 Wie definiert Cicero die Freundschaft?

2 Was leistet die *virtus* für die Freundschaft?

3 Welche Vorteile bietet die Freundschaft?

4 Wodurch zeichnet sich die „ideale“ Freundschaft aus?

5 Welche Gefährdungen für echte Freundschaft stellt Sebastian Brant fest (➤ ET 9)?

Kompetenzorientierte Arbeitsaufgaben ➤ S. 112

***Abb. 37: Albrecht Dürer, Holzschnitt** zu **Sebastian Brant, Von wahrer Freundschaft**, in: „Das Narrenschiff“, Basel 1494*

36 text

Seneca,
De remediis fortuitorum 15, 1 f.

Situationsbewältigung: Feindschaft; Verlust des Freundes

Seneca widmete die Schrift **„Heilmittel gegen Zufälligkeiten – *De remediis fortuitorum*“** seinem Bruder L. Iunius Gallio. Die erhaltenen Teile dieses Werkes sind alle gleich aufgebaut: Auf den Einwurf eines fiktiven Unterredners, der über einen Schicksalsschlag klagt, antwortet Seneca nach der Methode antiker Seelenführung kurz und bündig, oft auch sehr schroff, und erteilt ihm einen Ratschlag zur Bewältigung des Affekts, an dem dieser gerade leidet.

1 „Inimicos graves habeo“. – Quomodo adversus graves feras[1] munimenta[2] conquires[3], quomodo adversus serpentes[4], sic adversus inimicos auxilia circumspice[5], quibus illos aut arceas aut compescas[6] aut, quod est optimum, places[7].
„Inimicos habeo“. – Illud est peius, quod amicos non habes.

2 „Amicum“, inquit, „perdidi“. – Iam enim <te> habuisse certum est?

1 **1 fera**, -ae: wildes Tier **2 munimentum**, -i: Schutz **3 conquiro** 3: (auf)suchen **4 serpens**, -tis m.: Schlange **5 circumspicio** 3M: sich um etw. umsehen **6 compesco** 3: in Schranken halten **7 placo** 1: besänftigen

„Amicum perdidi". – Alium quaere! – „Et ubi eum quaeram?" – Ubi inveneras: Quaere inter liberales artes[8], inter honesta et recta officia, quaere in laboribus: ad mensam res ista non quaeritur. Quaere aliquem frugi[9].

„Perdidi amicum". – Fortem animum habe, si unum, erubesce[10], si unicum. Quid? Tu in tanta tempestate ad unam ancoram stabas[11]?

2 **8 liberales artes**: Wissenschaften **9 aliquem frugi**: jemand Besonnenen **10 erubesco** 3: erröten, sich schämen **11 ad ancoram stare**: am Anker hängen

***Abb. 38: Darstellung der sieben* Artes liberales *aus der Enzyklopädie „Garten der Köstlichkeiten –* Hortus deliciarum**" *(um 1180) der Herrad von Landsberg, Äbtissin des Klosters Hohenburg im Elsass. Im Mittelkreis thront in der oberen Hälfte die Philosophie, von deren Brust sieben Strahlen ausgehen. In der unteren Hälfte sitzen Sokrates und Platon einander als Repräsentanten der Philosophen gegenüber. In den Bögen um den Mittelkreis herum sind die sieben* artes *als Frauengestalten dargestellt. Die Reihe beginnt mit der Grammatik oberhalb der Philosophie, dann folgen im Uhrzeigersinn Rhetorik und Dialektik, womit das* Trivium *abgeschlossen ist. Die verbleibenden vier Bögen nehmen die Gestalten des* Quadriviums *in der Reihenfolge Musik, Arithmetik, Geometrie und Astronomie ein (➤ Einleitung S. 8 f.).*

Seneca,
De remediis fortuitorum 15

36 kommentar

2 **liberales artes**: ➤ Einleitung S. 8; Abb. 38

in tanta tempestate: Seneca vergleicht gerne, wie andere Autoren auch, das menschliche Leben mit einer Seefahrt.

36 Vertiefung

1 Welche Ratschläge erteilt Seneca für den Fall einer (plötzlich auftretenden) Feindschaft? Was empfiehlt er bei (plötzlichem) Verlust eines Freundes?

2 Welche Stilmittel setzt der Autor ein? Was will er damit bewirken?

37 text

Q. Horatius Flaccus,
Epistulae 1, 11, 22–30

Versmaß: Hexameter

Ortswechsel befreit nicht von Sorgen

Horaz richtet den elften Brief des ersten Epistelbuches an seinen Freund Bullatius und ermahnt ihn, das wahre Lebensglück nicht von einem Orte abhängig sein zu lassen.

Tu, quamcumque deus tibi fortunaverit[1] horam,
grata sume manu neu dulcia[2] differ[3] in annum,
ut, quocumque loco fueris, vixisse libenter
te dicas: nam si[4] ratio et prudentia curas,
non locus[5] effusi late maris arbiter aufert,
caelum, non animum mutant, qui trans mare currunt.
Strenua[6] nos exercet[7] inertia: navibus atque
quadrigis[8] petimus bene vivere. Quod petis, hic est,
est Ulubris[9], animus si te non deficit[10] aequus.

22 **1 fortuno** 1: beglücken; h. schenken **2 dulcia** (n. pl.): Annehmlichkeiten (des Lebens) **3 differo**, -ferre: aufschieben
25 **4 si**: wenn tatsächlich **5 locus ... arbiter**: Ort, der das sich weit ausdehnende Meer beherrscht **6 strenua ... inertia**: geschäftiges Nichtstun **7 exerceo** 2: plagen **8 quadriga**, -ae: Viergespann
30 **9 Ulubrae**, -arum: U., ein armseliges Nest in der Nähe der Pontinischen Sümpfe **10 deficio** 3M: h. verlassen

37 kommentar

Q. Horatius Flaccus,
Epistulae 1, 11, 22–30

23 differ in annum: Vgl. den gleichen Gedankengang im c. 1,11 (➤ T 25, S. 51).

37 Vertiefung

1 Wie äußert sich die Fehlhaltung der rastlos Reisenden?

2 Worin besteht das wahre Lebensglück?

Abb. 39: Holzschnitt zu ***Sebastian Brant, Alle Länder erforschen wollen****, in: „Das Narrenschiff", Basel 1494*

38 text

Seneca,
Epistulae morales 28, 1–5; 7; 9 f., gek.

Problemverdrängung durch Reisen?

Seneca Lucilio suo salutem

1 Hoc tibi soli putas accidisse et admiraris quasi rem novam, quod peregrinatione tam longa et tot locorum varietatibus non discussisti tristitiam gravitatemque[1] mentis. Animum debes mutare, non caelum! Licet[2] vastum traieceris[3] mare, [...] sequentur te, quocumque perveneris, vitia.

2 Hoc idem querenti cuidam Socrates ait: „Quid miraris nihil tibi peregrinationes prodesse, cum te circumferas? Premit te eadem causa, quae expulit.“ Quid terrarum iuvare novitas potest? Quid cognitio urbium aut locorum? In irritum cedit[4] ista iactatio[5]! Quaeris, quare te fuga ista non adiuvet: Tecum fugis! Onus animi deponendum est: non ante[6] tibi ullus placebit locus.

3 [...] Vadis huc illuc, ut excutias insidens[7] pondus, quod ipsa iactatione incommodius fit, sicut in navi onera immota[8] minus urgent, inaequaliter convoluta[9] citius eam partem, in quam incubuere[10], demergunt. Quidquid facis, contra te facis, et motu[11] ipso noces tibi: Aegrum enim concutis!

4 At cum istud malum exemeris, omnis mutatio loci iucunda fiet. Licebit in ultimas terras expellaris, in quolibet angulo barbariae colloceris, hospitalis tibi qualiscumque sedes erit. *Es ist wichtiger, wer du bist, wenn du ankommst, als wohin du gelangst, und deshalb dürfen wir unser Herz keinem Ort zueignen.* Cum hac persuasione vivendum est: „Non uni angulo natus sum, patria
5 mea totus hic mundus est.“ Quod si tibi liqueret[12], non admirareris te nihil adiuvari varietatibus regionum, in quas subinde[13] priorum <regionum> taedio[14] migras;

1 **1 gravitas mentis**: Schwermut **2 licet / licebit** (+ coni.): mag auch **3 traicio** 3M, -ieci: h. überqueren
2 **4 in irritum cedere**: erfolglos bleiben **5 iactatio**, -onis f.: Hin und Her **6 ante** = antea

Abb. 40: Himmel über Palmen

3 **7 insidens**, -entis: drückend **8 onera immota**: festgebundene Fracht **9 inaequaliter convoluta** <onera>: locker verstaute Fracht **10 incubuere** = incubuerunt; incumbo 3, -cubui: h. sich verlagern **11 motus**, -us m.: h. Unrast

5 **12 liquet** 2: klar sein **13 subinde**: immer wieder **14 taedium**, -i: Ekel

prima enim quaeque[15] placuisset, si omnem tuam crederes. Nunc non peregrinaris, sed erras et ageris ac locum ex loco[16] mutas, cum[17] illud, quod quaeris, bene vivere, omni loco positum sit[18]. [...]

7 Dissentio ab his, qui in fluctus medios eunt et tumultuosam probantes[19] vitam cottidie cum difficultatibus rerum magno animo conluctantur[20]. [...] Non multum prodest vitia sua proiecisse, si cum alienis rixandum est[21]. [...]

9 Tempus est desinere, sed si prius portorium solvero[22]: „Initium est salutis notitia peccati.“ Egregie mihi hoc dixisse videtur Epicurus. Nam qui peccare se nescit, corrigi non vult; deprehendas[23] te oportet[24],
10 antequam emendes[25]. Quidam vitiis gloriantur: tu existimas aliquid de remedio cogitare <eos>, qui mala sua virtutum loco numerant? Ideo, quantum potes, te ipse coargue[26], inquire in te: accusatoris primum partibus fungere[27], deinde iudicis, novissime deprecatoris[28]. Aliquando te offende! Vale.

15 prima quaeque: die erstbeste **16 locum ex loco**: einen Ort nach dem anderen **17 cum** concessivum **18 positum esse**: h. möglich sein

7 **19 probo** 1: billigen **20 conluctor** 1: ringen, kämpfen **21 rixor** 1: hadern, raufen

9 **22 portorium solvere**: Hafenzoll entrichten **23 deprehendo** 3: ertappen **24 oportet** (+ coni.): es ist nötig, dass ... **25 emendo** 1: sich bessern

10 **26 coarguo** 3: überführen, h. beschuldigen **27 partibus fungi**: die Rolle spielen **28 deprecator**, -is m.: Fürsprecher

38 Kommentar

Seneca,
Epistulae morales 28, 1–5; 7; 9 f., gek.

9 **Epicurus aus Samos** (342–270 v. Chr.): ➤ Einleitung S. 6. – Die Briefe 2–29 beschließt Seneca fast ausnahmslos mit einem Zitat aus Epikur. Damit beabsichtigt er, seinem Briefpartner auch Gedanken dieser philosophischen Richtung zu vermitteln und ihn zum Nachdenken darüber anzuregen.

E10 Text

Seneca,
Epistulae morales 2, 1–2

In diesem Brief lobt Seneca seinen Freund Lucilius, der in der Lebensführung Fortschritte macht (d. h. im Sinne der stoischen Ethik ein proficiens *ist), und ermuntert ihn innere Ruhe zu finden:*

(1) Das, was Du schreibst und was ich von Dir höre, läßt mich für Dich Gutes hoffen: weder verzettelst Du Dich, noch läßt Du Dich durch Ortsveränderungen behelligen. Auf ein krankes Gemüt deutet ein solches Hin und Her: Das erste Zeichen seelischer Gelassenheit ist, so meine ich, innehalten zu können und bei sich zu verharren. (2) Doch achte darauf, daß diese Lektüre vieler Autoren und Bücher aller Art nicht etwas Unstetes und Haltloses an sich habe. Bei ganz bestimmten Geistesgrößen mußt Du verbleiben und Dich von ihnen nähren lassen, willst Du etwas gewinnen, was sich unverlierbar ins Herz einprägen soll. Nirgends ist, wer überall ist.

Leuten, die ihr Leben auf Reisen verbringen, widerfährt dies, daß sie viele Bekanntschaften haben, aber keine Freundschaften; dasselbe geschieht notwendigerweise jenen, die zu niemandes Geist in vertraute Beziehung treten, sondern alles flüchtig und in Eile an sich vorüberziehen lassen.

Übers. v. F. Loretto, Seneca. Epistulae morales ad Lucilium. Liber I – Briefe an Lucilius über Ethik. 1. Buch. Lateinisch und deutsch. Stuttgart: Reclam 1977

38 Vertiefung

Kompetenzorientierte Arbeitsaufgaben ➤ S. 112

1 Beobachte Senecas „Methode“ zu philosophieren: Wie ist der Brief gegliedert?

2 Belege die Kernaussagen des Briefes mit pointierten Zitaten: Welche Einstellung hat Seneca zu Reisen bzw. Ortswechseln?

3 Mit welcher Metapher beschreibt der Autor das Reisen unter psychischer Belastung?

4 Welches deutsche Sprichwort entspricht dem Epikur-Zitat am Ende des Briefes? Was will der Autor damit verdeutlichen?

5 Vergleiche T 38 mit ET 10: Welche Parallelen und welche Unterschiede kannst du beobachten?

6 Aktualisierung: Mit welchen Anreizen animieren Reiseveranstalter heutzutage ihre Kunden? Stimmen ihre Werbestrategien mit Senecas Ansicht überein?

7 Reflexion: Mit welchen Erwartungen gehst du auf Reisen?

39 text

Seneca,
Dialogus 12 (= Ad Helviam de consolatione), 8, 1–5, gek.

Wie kann der Verbannte sein Los bewältigen?

Seneca richtete die Trostschrift an seine philosophisch sehr gebildete Mutter Helvia im Jahre 43 n. Chr. aus der Verbannung auf Korsika (➤ Einleitung S. 11). Er bringt eine ganze Menge von bekannten Argumenten gegen das Verbannungsschicksal vor, um sich selbst und zugleich seiner Mutter Trost zuzusprechen.

8,1 Adversus ipsam commutationem[1] locorum, detractis[2] ceteris incommodis[3], quae exsilio adhaerent, satis hoc remedii[4] putat Varro, doctissimus Romanorum, quod[5], quocumque venimus, eadem rerum natura utendum est; M. Brutus satis hoc putat, quod licet in exsilium euntibus virtutes suas secum ferre.
8,2 Haec etiam si quis singula parum iudicat efficacia[6] ad consolandum[7] exsulem, utraque in unum collata[8] fatebitur plurimum posse. Quantulum enim est, quod perdidimus! Duo, quae pulcherrima sunt, quocumque nos moverimus, sequuntur: natura communis et propria virtus.

8,1 **1 commutatio**, -nis f.: Veränderung **2 detraho** 3: abziehen **3 incommodum**, -i: Unannehmlichkeit **4 hoc remedii**: gen. part. **5 quod**: dass

8,2 **6 efficax**, -cis: wirksam **7 consolor** 1: trösten **8 in unum conferre**: in eines zusammennehmen

8,3 Id actum est[9], mihi crede, ab illo, quisquis formator universi[10] fuit, sive ille deus est potens omnium, sive incorporalis ratio[11] ingentium operum artifex[12], sive divinus spiritus per omnia maxima ac minima aequali intentione[13] diffusus, sive fatum et immutabilis causarum inter se cohaerentium series[14] [...]

8,4 Quidquid optimum homini est, id extra humanam potentiam iacet; nec dari nec eripi potest. Mundus hic, quo nihil maius neque ornatius[15] rerum natura genuit, animus, contemplator admiratorque[16] mundi, pars eius magnificentissima, propria nobis et perpetua et tam diu nobiscum mansura sunt, quam diu ipsi manebimus.

8,5 Alacres[17] itaque et erecti, quocumque res tulerit, intrepido gradu properemus, emetiamur[18] quascumque terras: nullum inveniri exilium potest, nihil enim, quod intra mundum est, alienum homini est. Undecumque[19] ex aequo[20] ad caelum erigitur acies[21]; paribus intervallis omnia divina ab omnibus humanis distant[22].

8,3 9 **ago** 3, egi, actum: h. bewirken 10 **formator universi**: Gestalter des Universums 11 **incorporalis ratio**: körperlose Vernunft 12 **artifex**, -icis: h. Schöpferin 13 **aequalis intentio**, -nis f.: gleichmäßige Spannkraft 14 **immutabilis causarum ... series**: unveränderliche Reihe von ... Ursachen

8,4 15 **quo** (abl. comp.) **nihil maius neque ornatius**: das Größte und Prachtvollste, das ... 16 **contemplator admiratorque**: Betrachter und Bewunderer

8,5 17 **alacer**, -cris, -e: munter 18 **emetior** 4: durchwandern 19 **undecumque**: von überall her 20 **ex aequo**: in gleicher Weise 21 **acies**, -ei: Blick 22 **disto** 1: entfernt sein

Seneca,
Dialogus 12 (= Ad Helviam de consolatione), 8, 1–5, gek.

39 kommentar

1 **Varro**: M. Terentius Varro (116–27 v. Chr.), älterer Zeitgenosse Ciceros und Caesars, galt als der Gebildetste der Römer – *vir Romanorum eruditissimus* (Quintilian 10,1, 95) – und verfasste zahlreiche Schriften zur Altertumskunde Roms und zu philosophischen Themen (➤ Einleitung S. 8). **Brutus**: M. Iunius Brutus (85–42 v. Chr.), Caesars Freund und späterer Mitverschwörer gegen ihn, war Anhänger der stoischen Philosophie und verfasste philosophische Werke. Mehrfach wird er von Cicero als Gesprächspartner oder Empfänger von Widmungen angesprochen. Das Zitat könnte aus dem nicht erhaltenen Werk **„Über das sittliche Wohlverhalten – *De virtute*"** stammen.

2 **natura communis et propria virtus**: Vgl. dazu Immanuel Kant (1724–1804), „Kritik der praktischen Vernunft" (➤ ET 11, S. 77).

3 **formator universi**: Die Stoiker gaben dem Schöpfer des Alls verschiedene Namen, sie bezeichneten ihn entweder als eine personale Gottheit, als unpersonale Weltvernunft, als durchströmenden Geist (πνεῦμα – pneuma) oder als ewiges Gesetz. Seneca gibt ihm an anderer Stelle (**„Naturwissenschaftliche Abhandlungen – *Naturales quaestiones*"** 2, 45, 1–3) folgende acht Bezeichnungen: (1) Verwalter und Behüter des Alls – *rector custosque universi;* (2) Seele und Atem der Welt – *animus ac spiritus mundi;* (3) Meister und Gestalter dieser Schöpfung – *operis huius dominus et artifex;* (4) Schicksal – *fatum;* (5) Ursache aller Ursachen – *causa causarum;* (6) Vorsehung – *providentia;* (7) Natur – *natura;* (8) All – *mundus.*

5 quod intra mundum est: Der Mensch ist ein Teil des Kosmos, in dem dieselbe Gesetzmäßigkeit wirkt, er ist ein Mikrokosmos im Makrokosmos.

E11 text

Immanuel Kant,
Kritik der praktischen Vernunft

Zwei Dinge erfüllen das Gemüth mit immer neuer und zunehmender Bewunderung und Ehrfurcht, je öfter und anhaltender sich das Nachdenken damit beschäftigt: *der bestirnte Himmel über mir und das moralische Gesetz in mir.* Beide darf ich nicht als in Dunkelheiten verhüllt, oder im Überschwenglichen, außer meinem Gesichtskreise suchen und blos vermuthen; ich sehe sie vor mir und verknüpfe sie unmittelbar mit dem Bewußtsein meiner Existenz. Das erste fängt von dem Platze an, den ich in der äußern Sinnenwelt einnehme, und erweitert die Verknüpfung, darin ich stehe, ins unabsehlich Große mit Welten über Welten und Systemen von Systemen, überdem noch in grenzenlose Zeiten ihrer periodischen Bewegung, deren Anfang und Fortdauer. Das zweite fängt von meinem unsichtbaren Selbst, meiner Persönlichkeit, an und stellt mich in einer Welt dar, die wahre Unendlichkeit hat, aber nur dem Verstande spürbar ist, und mit welcher (dadurch aber auch zugleich mit allen jenen sichtbaren Welten) ich mich nicht wie dort in blos zufälliger, sondern allgemeiner und nothwendiger Verknüpfung erkenne.

***Abb. 41: Kant**, Briefmarke Universität Boston*

Kants gesammelte Schriften, Akademieausgabe Berlin ²1913, Bd. 5, S. 161 f.

39 Vertiefung

1 Wie lauten die Argumente Varros und Brutus gegen das Los der Verbannung?

2 Wie stellt sich die gegenseitige Ergänzung von *natura communis* und *propria virtus* in der Sicht Kants dar (➤ ET 11)?

3 In welchem Verhältnis steht der Mensch zum Kosmos (➤ ET 11)?

40 text

Seneca,
Epistulae morales 7, 1–6; 8, gek.

Verrohung des Menschen in der Masse

1 Quid tibi praecipue[1] vitandum sit, quaeris. – Turbam[2]! [...] Ego certe confitebor imbecillitatem[3] meam: numquam mores, quos extuli, refero. Aliquid ex eo, quod composui, turbatur[4]; aliquid ex iis, quae fugavi[5], redit. [...]

2 Inimica est multorum conversatio[6]: Quo[7] maior est populus, cui miscemur, hoc[7]

1 **1 praecipue**: vor allem **2 turba**, -ae: Volksmasse **3 imbecillitas**, -tis f.: Schwäche **4 turbo** 1: durcheinander bringen **5 fugo** 1: verjagen, verscheuchen

2 **6 conversatio**, -nis f.: Umgang **7 quo … hoc**: je … desto

periculi plus est. [...] Nihil vero tam damnosum[8] <est> bonis moribus quam in aliquo spectaculo desidere[9]. Tunc enim per voluptatem facilius vitia subrepunt[10].

8 damnosus 3: verderblich, schädlich **9 desideo** 2: müßig dasitzen **10 subrepo** 3: sich (heimlich) einschleichen

3 Quid me existimas dicere? Avarior[11] redeo, ambitiosior[12], luxuriosior, immo vero crudelior et inhumanior, quia inter homines fui. Casu[13] in meridianum spectaculum incidi lusus[14] exspectans et sales[15] et aliquid laxamenti[16], quo hominum oculi ab humano cruore acquiescant[17]. Contra est: Quidquid ante pugnatum est, misericordia[18] fuit. Nunc omissis[19] nugis[20] mera homicidia[21] sunt: <gladiatores> nihil habent, quo tegantur. Ad ictum[22] totis corporibus expositi numquam frustra manum mittunt[23].

3 **11 avarus** 3: habgierig, unersättlich **12 ambitiosus** 3: ehrgeizig **13 casu**: zufällig **14 lusus**, -us m.: Scherz **15 sal**, -is m.: h. Witz, Spott **16 laxamentum**, -i: Erholung, Entspannung **17 acquiesco** 3: zur Ruhe kommen **18 misericordia**, -ae: Barmherzigkeit **19 omitto** 3, -misi, -missum: aufgeben, sein lassen **20 nugae**, -arum: h. Possen **21 merum homicidium**: reiner Menschenmord **22 ictus**, -us m.: Hieb **23 manum mittere**: (mit der Hand) zuschlagen

4 Hoc plerique ordinariis paribus[24] et postulaticis praeferunt. Quidni[25] praeferant? Non galea[26], non scuto[27] repellitur ferrum. Quo[28] munimenta? Quo artes[29]? Omnia ista mortis morae sunt. Mane leonibus et ursis homines, meridie spectatoribus suis obiciuntur. Interfectores[30] interfecturis iubent[31] obici et victorem in aliam caedem detinent. Exitus pugnantium mors est: Ferro et igne res geritur. Haec fiunt, dum vacat[32] harena.

4 **24 ordinarii et postulatici pares**: übliche und professionelle Kampfpaare **25 quidni**: warum nicht **26 galea**, -ae: Helm **27 scutum**, -i: Schild **28 quo**: wozu? **29 ars**, -tis f.: h. Fechtkunst **30 interfector**, -oris m.: Schlächter, Mörder; interfecturus 3 (= PFA): künftiger Mörder **31** erg. als Subjekt: **spectatores iubent** **32 vaco** 1: leer sein

5 „Sed latrocinium[33] fecit aliquis, occidit hominem." – Quid ergo? Quia occidit, ille meruit[34], ut hoc pateretur? Tu quid meruisti miser, ut hoc spectes? „Occide, verbera[35], ure[36]! Quare tam timide incurrit in ferrum? Quare parum[37] audacter occidit? Quare parum libenter moritur? Plagis[38] agatur in vulnera, mutuos[39] ictus[40] nudis et obviis pectoribus[41] excipiant!" – Intermissum est[42] spectaculum: interim iugulentur[43] homines, ne nihil agatur! [...]

5 **33 latrocinium**, -i: Raub **34 mereo** 2, -ui: verdienen **35 verbero** 1: schlagen, zuhauen **36 uro** 3: verbrennen **37 parum**: zu wenig **38 plaga**, -ae: h. Schwertstoß **39 mutuus** 3: gegenseitig **40 ictus**, -us m.: Hieb **41 obvium pectus**, -oris n.: ungeschützte Brust **42 intermitto** 3, -misi, -missum: unterbrechen **43 iugulo** 1: abschlachten

6 Subducendus[44] populo est tener[45] animus et parum tenax recti[46]. Facile transitur ad plures. Socrati et Catoni et Laelio excutere[47] morem suum dissimilis[48] multitudo potuisset! Adeo[49] nemo nostrum, qui cum maxime concinnamus[50] ingenium, ferre

6 **44 subduco** 3: entziehen **45 tener** 3: h. labil **46 tenax recti**: für das sittlich Richtige gefestigt **47 excutio** 3M: vertreiben, austreiben **48 dissimilis**, -e: h. anders geartet **49 adeo**: erst recht **50 qui ... concinnamus ingenium, ...** = die wir gerade jetzt unsere Persönlichkeit formen, ...

impetum vitiorum tam magno comitatu venientium potest. […]

8 […] Recede[51] in te ipsum, quantum potes! Cum his versare[52], qui te meliorem facturi sunt, illos admitte, quos tu potes facere meliores. Mutuo[53] ista fiunt, et homines, dum docent, discunt.

8 **51 recedo** 3: h. sich zurückziehen **52 versor** 1: verkehren **53 mutuo** (adv.): wechselseitig, gegenseitig

40 Kommentar

Seneca,
Epistulae morales 7, 1–6; 8, gek.

3 meridianum spectaculum: Gewöhnlich wurden vormittags Tierhetzen *(venationes)* abgehalten und dann während der Mittagspause harmlose, unterhaltsame Einlagen *(lusus, sales, nugae)* geboten.

4 postulaticis paribus: Berufsfechter, die namentlich bekannt waren und vom Publikum „verlangt“ wurden

6 Socrates, Cato, Laelius: Seneca führt diese Männer als Beispiele vorbildhafter Charakterstärke an, meint jedoch, dass selbst sie sich der Massenpsychose bei Gladiatorenspielen kaum hätten entziehen können.

M. Porcius Cato Uticensis (95–46 v. Chr.): nahm sich als überzeugter Republikaner nach dem Sieg Caesars bei Thapsus als Kommandant der Stadt Utica das Leben

C. Laelius (ca. 190–129 v. Chr.): bedeutender Politiker und Redner, Freund des jüngeren Scipio, galt als Exemplum für ehrbare Tüchtigkeit und Freundschaft (➤ T 35, S. 68)

Kompetenzorientierte Arbeitsaufgaben ➤ S. 114

40 Vertiefung

1 Der vorliegende Brief ist ein Musterbeispiel für Senecas Methode zu philosophieren: Skizziere den gedanklichen Aufbau des Textes.

2 Wie wird die Masse gekennzeichnet?

3 Wie soll sich der Einzelne der Masse gegenüber verhalten?

4 Stilanalyse: Welche Stilmittel setzt der Autor ein? Was will er damit bezwecken?

5 Vergleiche die Ausführungen Senecas mit Augustinus, conf. 6, 8, 13 (➤ T 42, S. 82 f.).

***Abb. 42: Jean-Léon Gérôme, Pollice verso**, Historiengemäde aus dem Jahre 1872, in dem der Maler nach umfangreichen Studien in Pompeji den entscheidenden Moment im Ablauf des Kampfes wiedergibt: Die außer sich geratene Menge fällt mit dem Gestus des nach unten zeigenden Daumens das Todesurteil über den unterlegenen Kämpfer. Phoenix Art Gallery, Arizona*

41 text

Augustinus,
Confessiones 3, 1, 1; 2, 2 f., gek.

Gefahren des Großstadtlebens und des Theaters

Zu Beginn des dritten Buches seiner „**Bekenntnisse** – ***Confessiones***“, verfasst im Jahre 397 n. Chr., beschreibt Augustinus die Gefahren und Nöte, in die er als 17-Jähriger bei seinem ersten Studienaufenthalt in Karthago stürzte. Karthago war zu dieser Zeit das kulturelle und wirtschaftliche Zentrum des westlichen Mittelmeerraumes, eine „Weltstadt“ mit all ihren Verlockungen, die auf einen innerlich noch nicht gefestigten jungen Menschen einstürmten.

1,1 Veni Carthaginem, et circumstrepebat[1] me undique sartago[2] flagitiosorum[3] amorum. [...]

2,2 Rapiebant[4] me spectacula theatrica plena imaginibus miseriarum[5] mearum et fomitibus[6] ignis[7] mei.

Quid est, quod ibi homo vult dolere, cum spectat luctuosa[8] et tragica, quae tamen pati ipse nollet? Et tamen pati vult ex eis spectator[9] et dolor ipse est voluptas eius. Quid est nisi miserabilis insania[10]? Nam eo magis[11] eis movetur quisque, quo minus a talibus affectibus sanus[12] est, quamquam, cum ipse patitur, miseria, cum aliis compatitur[13], misericordia[14] dici solet. Sed qualis tandem misericordia in rebus fictis[15] et scenicis[16]? Non enim ad subveniendum[17] provocatur[18] auditor, sed tantum ad dolendum invitatur et auctori[19] earum imaginum amplius[20] favet, cum amplius dolet. Et si calamitates[21] illae hominum vel antiquae vel falsae[22] sic agantur[23], ut, qui spectat, non doleat, abscedit inde fastidiens[24] et reprehendens[25]; si autem doleat, manet intentus[26] et gaudens.

2,3 Lacrimae ergo amantur et dolores. [...]

1,1 **circumstrepo** 3: umschwirren **2 sartago**, -inis f.: Hexenkessel **3 flagitiosus** 3: schändlich

2,2 **4 rapio** 3M: mit sich reißen **5 miseria**, -ae: Not **6 fomes**, -itis m.: Zündstoff, Zunder **7 ignis**, -is m.: h. Liebesglut **8 luctuosus** 3: jammervoll **9 spectator**, -is m. (prädikativ): als Zuschauer **10 insania**, -ae: Wahnsinn **11 eo magis ... quo minus**: umso mehr ... je weniger **12 sanus** 3: h. nicht befallen von, frei **13 compatior** 3M: mitleiden **14 misericordia**, -ae: Mitgefühl **15 fictus** 3: erdichtet **16 scenicus** 3: auf der Bühne dargestellt **17 subvenio** 4: Hilfe leisten **18 provoco** 1: aufrufen **19 auctor**, -is m.: h. Darsteller **20 amplus** 3: heftig **21 calamitas**, -tis f.: schmerzliches Erlebnis **22 falsus** 3: h. frei erfunden **23 ago** 3: darstellen, aufführen **24 fastidio** 4: sich langweilen **25 reprehendo** 3: missbilligen **26 intentus** 3: voller Spannung

41 kommentar

Augustinus,
Confessiones 3, 1, 1; 2, 2 f., gek.

1,1 Carthaginem ... sartago: Beachte dieses effektvolle Wortspiel: *sartago* heißt eigentlich „Bratpfanne“ und kann hier auch mit „Hexenkessel“ übersetzt werden, in dem Sinnlichkeit, Fleischeslust und Exzess brodeln.

2,2 rapiebant me ...: An den Theaterstücken, die Augustinus damals so sehr in ihren Bann zogen, kritisiert er einerseits die unzüchtigen Themen, andererseits die Gefahr, im Zuschauer mitleidenden Schmerz auszulösen. Seine eigene „Erfahrung deutet auf Algophilie, Schmerzlust, die ihm das Mitleid verdächtig macht, zumal im Vergleich mit dem schmerzfreien (göttlichen) Erbarmen“ (J. Bernhart). – Gegen alle Arten der Schauspiele war schon um 200 n. Chr. der erste lateinische christliche Schriftsteller und Landsmann Augustins, Q. Septimus Florens **Tertullianus**, in seiner Schrift **„Über die Schauspiele – *de spectaculis*“** wortgewaltig zu Feld gezogen: Sie sind insgesamt eine Form des Götzendienstes *(species idololatriae)*, ein prunkvoller Aufzug des Teufels *(pompa diaboli)* und vom ethischen Standpunkt her eine Form begehrlicher Lust *(species voluptatis et concupiscentiae)*. Deswegen sind Christen vom Theater ausgeschlossen, „das der ureigene Tummelplatz der Unzüchtigkeit ist – *quod est privatum consistorium impudicitiae*“ (spect. 17,1).

***Abb. 43: Theaterszene aus Pompeji**, Bestrafung der Dirke*

a talibus affectibus: Damit sind die sittlichen Fehlhaltungen der Neugier *(curiositas)* und der Begehrlichkeit der Augen *(concupiscentia oculorum)* gemeint, die den Menschen in bedauernswerten Irrsinn *(miserabilis insania)* stürzen.

Abb. 44: Oscar-Verleihung

41 Vertiefung

1 Welche Auswirkungen hat das Großstadtleben in Karthago auf Augustinus?

2 **a** Wie beschreibt Augustinus die psychologische Wirkung von Theateraufführungen auf den Zuschauer? Nenne Stichwörter aus dem Text.

b Wie lautet seine abschließende Bewertung?

3 Klassendiskussion: Welche Faszination üben Theater und Film heutzutage auf das Publikum aus?

Augustinus,
Confessiones 6, 8, 13

Die verderbliche Wirkung der Gladiatorenspiele

Im sechsten Buch der **„Bekenntnisse – *Confessiones*"** (7, 11–10, 17) berichtet Augustinus über den Lebensweg seiner Freunde Alypius und Nebridius, den er mit seinem eigenen in Beziehung setzt. – Im vorliegenden Text schildert er sehr anschaulich Alypius' Leidenschaft für Gladiatorenspiele, von der dieser erst später durch Gottes Hilfe loskommt.

<Alypius> Romam praecesserat, ut ius disceret, et ibi gladiatorii spectaculi hiatu[1] incredibili et incredibiliter abreptus est[2]. Cum[3] enim aversaretur[4] et detestaretur[5] talia, quidam eius amici et condiscipuli, cum forte de prandio[6] redeuntibus per viam esset[7], recusantem[8] vehementer et resistentem familiari violentia[9] duxerunt in amphitheatrum[10] crudelium et funestorum[11] ludorum diebus haec dicentem: „Si corpus meum in locum illum trahitis et ibi constituitis[12], numquid[13] et animum et oculos meos in illa spectacula potestis intendere[14]? Adero itaque absens ac sic et vos et illa <spectacula> superabo". Quibus auditis illi nihilo setius[15] eum adduxerunt secum id ipsum forte[16] explorare cupientes, utrum posset efficere.

Quo ubi ventum est et sedibus, quibus potuerunt, locati sunt, fervebant[17] omnia immanissimis voluptatibus. Ille clausis foribus[18] oculorum interdixit animo, ne in tanta mala procederet[19]. Atque utinam et aures opturasset[20]! Nam quodam pugnae casu[21], cum clamor ingens totius populi vehementer eum pulsasset[22], curiositate[23] victus [...] aperuit oculos et percussus[24] est graviore vulnere in anima quam ille in corpore, quem cernere[25] concupivit, ceciditque miserabilius quam ille, quo cadente[26] factus est clamor: qui per eius aures intravit et reseravit[27] eius lumina[28]. [...] Ut enim vidit illum sanguinem, immanitatem[29] simul ebibit[30] et non se avertit, sed fixit aspectum et hauriebat[31] furias[32] et nesciebat, et delectabatur scelere certami-

1 hiatus, -us m.: h. Gier **2 abripio** 3M, -ui, -reptus: mitreißen **3 cum** concessivum **4 aversor** 1: Abneigung empfinden **5 detestor** 1: verabscheuen

6 prandium, -i: Mittagsimbiss **7 per viam esse**: über den Weg laufen **8 recuso** 1: widersprechen **9 familiaris violentia**: unter Freunden übliche Gewalt **10 amphitheatrum**: gemeint ist das Kolosseum

11 funestus 3: todbringend **12 constituo** 3: h. hinsetzen **13 numquid**: etwa **14 intendo** 3: h. lenken

15 nihilo setius: nichtsdestoweniger **16 forte**: vielleicht

17 ferveo 2: toben **18 foris**, -is f.: Tür **19 procedo** 3 in: sich beteiligen an **20 opturo** 1: verstopfen

21 casus, -us m.: h. Zwischenfall **22 pulso** 1: erschüttern **23 curisositas**, -tis f.: Neugier
24 percutio 3M, -cussi, -cussus: treffen **25 cernere** = videre

26 quo cadente (abl. abs. im Relativsatz): bei dessen Sturz **27 resero** 1: entriegeln **28 lumina:** h. Augen **29 immanitas**, -tis f.: h. wilde Grausamkeit **30 ebibo** 3: in sich hineintrinken

31 haurio 4: in vollen Zügen genießen **32 furiae**, -arum: h. rasendes Geschehen

nis et cruenta[33] voluptate inebriebatur[34]. Et non erat iam ille, qui venerat, sed unus de turba, ad quam venerat, et verus socius eorum, a quibus adductus erat. Quid plura? Spectavit, clamavit, exarsit[35], abstulit inde secum insaniam, qua stimularetur[36] redire non tantum cum illis, a quibus prius abstractus est, sed etiam prae illis et alios trahens.

Et inde tamen manu validissima et misericordissima eruisti[37] eum tu et docuisti eum non sui habere, sed tui fiduciam[38].

33 cruentus 3: blutrünstig **34 inebrior** 1: sich berauschen

40 **35 exardesco** 3, exarsi: entbrennen **36 stimulo** 1: anstacheln

45 **37 eruo** 3: entreißen **38 sui ... tui fiduciam habere**: Vertrauen auf sich ... auf dich zu setzen

Augustinus, Confessiones 6, 8, 13

42 Kommentar

9 crudelium et funestorum ludorum diebus: Vor den verderblichen Auswirkungen der Gladiatorenspiele auf die Besucher hatte u. a. schon **Seneca** gewarnt, der in seinem 7. Brief (➤ T 40, S. 77 ff.) ihre Brutalität und die unglaubliche Massenverrohung der Zuschauer angeprangert hatte, die der Ermordung von Menschen in aller Öffentlichkeit zujubeln. – **Tertullian** (➤ K 41, S. 81) kritisiert ebenfalls ihre Grausamkeit *(saevitia)*, Ruchlosigkeit *(impietas)* und Bestialität *(feritas)*.

47 tu: Mit dieser Anrede ist Gott angesprochen.

***Abb. 45: Amphitheater in Thysdrus**, El Djem (Tunesien), 3. Jh. n. Chr. Vorbild in Plan und Konzeption dieses bis zu 30.000 Zuschauer umfassenden Amphitheaters ist das Colosseum in Rom.*

42 Vertiefung

1 Schildere mit eigenen Worten das Verhalten und den Seelenzustand des Alypius.

2 Welche Metaphern setzt Augustinus ein, um den Rückfall des Alypius zu beschreiben?

3 Wie hilft Gott Alypius über sein Fehlverhalten hinweg?

4 Reflexion: Welchen Einflüssen ist der Einzelne heute bei Massenveranstaltungen ausgesetzt?

5 Vergleiche die Ausführungen des Augustinus mit Seneca, epist. 7, 1–8 (➤ T 40, S. 77 ff.)

43 text

Seneca,
Epistulae morales 51, 1; 3–6, gek.

Meide die Verlockungen der Laster! – Über Ausschweifungen der Luxusgesellschaft

1 Quomodo quisque potest, mi Lucili: tu istic[1] habes Aetnam, excelsum ac nobilissimum Siciliae montem, [...] nos, utcumque possumus[2], contenti sumus Bais, quas postero die, quam[3] attigeram[4], reliqui, locum ob hoc devitandum[5], cum[6] habeat quasdam naturales dotes[7], quia illum sibi celebrandum[8] luxuria[9] desumpsit.

3 Itaque <sapiens vir> de secessu[10] cogitans numquam Canopum eliget, quamvis neminem Canopus esse frugi[11] vetet, ne Baias quidem: deversorium[12] vitiorum esse coeperunt. Illic sibi plurimum luxuria permittit[13], illic, tamquam aliqua licentia[14] debeatur loco, magis solvitur[15].

4 Non tantum corpori, sed etiam moribus salubrem[16] locum eligere debemus. Quemadmodum inter tortores[17] habitare nolim, sic ne inter popinas[18] quidem. Videre ebrios[19] per litora errantes et comessationes navigantium[20] et symphoniarum cantibus strepentes[21] lacus [...] – quid necesse est?

5 Id agere debemus, ut irritamenta[22] vitiorum quam longissime profugiamus. Indurandus[23] est animus et a blandimentis[24] voluptatum procul abstrahendus. Una hiberna[25] Hannibalem solverunt[26] et indomitum illum nivibus[27] atque Alpibus virum enervaverunt[28] fomenta[29] Campaniae: Armis vicit, vitiis victus est!

6 Nobis quoque militandum est, et quidem genere militiae, quo numquam quies[30], numquam otium[31] datur: debellandae[32] sunt imprimis voluptates, quae, ut vides, saeva quoque ad se ingenia[33] rapuerunt. [...]

1 **1 istic**: dort **2 utcumque possumus**: so gut wir es können **3 postero die, quam ...** = die, post quam ... **4 attingo** 3, attigi: h. ankommen **5 locum ... devitandum**: ein Ort, der ... gemieden werden muss **6 cum** concessivum **7 dotes**: Vorzüge **8 celebrandum**: zum Feiern **9 luxuria**, -ae: h. Luxusgesellschaft, Schickeria

3 **10 secessus**, -us m.: h. abgeschiedener, ruhiger Urlaubsort **11 esse frugi** (dat.; frux, frugis: Frucht): solide sein **12 deversorium**, -i: Sitz, Schlupfwinkel **13 sibi plurimum permittere**: sich sehr viel herausnehmen **14 licentia**, -ae: Zügellosigkeit **15 magis solvi**: h. stärker entfesselt werden

4 **16 saluber**, -bris, -e: heilbringend, gesundheitsfördernd, zuträglich **17 tortor**, -oris m.: Folterknecht **18 popina**, -ae: Beisel, Kneipe **19 ebrius** 3: betrunken **20 comessationes navigantium**: Gelage auf Segeljachten **21 symphoniarum cantibus strepere**: h. von lauter Musik dröhnen

5 **22 irritamentum**, -i: Verlockung **23 induro** 1: abhärten **24 blandimentum**, -i: Verlockung **25 hiberna**, -orum: Winterlager **26 solvo** 3: h. demoralisieren **27 nivibus indomitum**: vom Schnee unbezwungen **28 enervo** 1: schwächen, entkräften **29 fomenta**, -orum: „weiche Betten“, Komfort

6 **30 quies**, -etis f.: Ruhe **31 otium**, -i: h. Pause **32 debello** 1: niederringen, bekämpfen **33 saeva ingenia**: abgebrühte Naturen

43 Kommentar

Seneca,
Epistulae morales 51, 1; 3–6, gek.

1 **Baiae, -arum**: in der Kaiserzeit ein mondäner Badeort am Golf von Neapel (Kampanien), berühmt durch seine herrliche Lage am Meer und durch die Heilkraft seiner Schwefelquellen, berüchtigt durch den luxuriösen und zügellosen Lebensstil seiner Gäste
3 **Canopus**, -i: Stadt an der westlichen Nilmündung, viel besuchtes Vergnügungszentrum der Bewohner der ägyptischen Hauptstadt Alexandria
5 **Hannibal** (247/6–183 v. Chr.): Der berühmte Feldherr der Punier im 2. Punischen Krieg (218–202 v. Chr.) setzte sich mit seinen Truppen nach dem Sieg über die Römer in der Schlacht von Cannae (216 v. Chr.) in Kampanien fest. Da sich die Römer in der Folgezeit auf keine weitere große Entscheidungsschlacht einließen, wurde Hannibal fern der afrikanischen Heimat zunehmend isoliert, während die Moral seiner Soldaten immer mehr sank. Inzwischen hatte der Konsul P. Cornelius Scipio eine neue römische Heeresmacht aufgestellt, mit der er 204 v. Chr. nach Afrika übersetzte. Hannibal wurde 203 v. Chr. nach Afrika zurückgerufen und unterlag schließlich 202 v. Chr. in der Schlacht von Zama den Römern.

43 Vertiefung

Kompetenzorientierte Arbeitsaufgaben ➤ S. 114

1. Senecas philosophische Schriften sind eine Fundgrube für sentenzenhafte Lebensweisheiten. Wähle aus dem vorliegenden Text mindestens zwei Beispiele dafür aus und kommentiere sie!
2. Erkläre die Kriegsmetapher in § 6.
3. Vergleiche die Ausführungen Senecas mit den Auswüchsen des Freizeit-Tourismus in unserer Zeit.

Abb. 46: Jachthafen von Monaco – Luxus heute

TEIL VII
GRENZSITUATIONEN DES LEBENS: KRANKHEIT UND TOD

44 text

Seneca,
Epistulae morales 54, 4 f.; 7, gek.

Bewältigung von Krankheit und Tod
Tod heißt: nicht existieren

In der Einleitung des 54. Briefes berichtet Seneca von einem Asthmaanfall, der ihn zum Nachdenken über Krankheit und Tod veranlasst (1–2): Er kommt zur Überzeugung, dass er die auftauchenden Fragen nicht verdrängen darf, sondern sie geistig bewältigen muss: „Ich habe nicht aufgehört, mich an frohen und ermutigenden Gedanken zu beruhigen. – *Non desii cogitationibus laetis ac fortibus adquiescere*“ (3). Daran schließen die folgenden Überlegungen zum Tod *(meditatio mortis)* an.

4 Tam saepe mors experitur[1] me! Faciat! Ego illam diu expertus sum. – „Quando?“ inquis. – Antequam vel[2] nascerer. Mors est non esse. Id quale sit, iam scio: Hoc erit post me, quod ante me fuit. Si quid in hac re tormenti[3] est, necesse est etiam fuisse, antequam prodiremus in lucem[4]; atqui[5] nullam sensimus tunc vexationem[6].

4 **1 experior** 4, expertus sum: erproben, auf die Probe stellen **2 vel**: h. sogar **3 tormentum**, -i n.: Qual, Pein **4 in lucem prodire**: in das Licht der Welt hinaustreten **5 atqui**: und doch **6 vexatio**, -nis f.: Qual

5 Rogo, non stultissimum dicas[7], si quis existimet lucernae[8] peius esse, cum extincta est[9], quam antequam accenditur? Nos quoque et extinguimur et accendimur: medio illo tempore[10] aliquid patimur, utrimque[11] vero alta securitas est. In hoc enim, mi Lucili, nisi fallor[12], erramus, quod iudicamus mortem sequi, cum[13] illa et praecesserit[14] et secutura sit. Quidquid ante nos fuit, mors est. [...]

5 **7 stultum dicere**: töricht nennen; h. indirekter Fragesatz ohne Einleitung: ob **8 lucerna**, -ae: Öllampe **9 extinguo** 3, -tinxi, -tinctus: auslöschen **10 medio illo tempore**: h. in der Zwischenzeit **11 utrimque**: h. vorher und nachher **12 fallor** 3 (med. pass.): sich täuschen **13 cum** adversativum **14 praecedo** 3, -cessi: vorangehen

7 Hoc tibi de me recipe: Non trepidabo[15] ad extrema, iam praeparatus sum, nihil cogito de die toto. Illum tu lauda et imitare, quem non piget[16] mori, cum[17] iuvet[18] vivere!

7 **15 trepido** 1: sich ängstigen, zittern **16 piget** 2 (unpers.): es verdrießt **17 cum** concessivum **18 iuvat** 1 (unpers.): es macht Freude

44 kommentar

Seneca,
Epistulae morales 54, 4 f.; 7, gek.

5 mors est non esse: Vgl. dazu die Ansicht Epikurs, die er in seinen „Entscheidenden Lehrsätzen“ (κυρίαι δόξαι / Kyriai doxai, Nr. 2) niedergelegt hat:

Der Tod geht uns nichts an; denn was sich aufgelöst hat, hat keine Empfindung. Was aber keine Empfindung hat, geht uns nichts an.

Bemerkenswert ist, dass der Stoiker Seneca wiederholt Epikur, den Begründer der gegnerischen Philosophenschule, zitiert. Zum römischen Eklektizismus ➤ Einleitung S. 9, 12.

7 hoc tibi de me recipe: Seneca eröffnet abschließend dem Briefpartner Lucilius gegenüber seine ganz persönliche Haltung zum Tod.

E12 text

Tacitus,
Annalen 15, 63 f., gek.

Seneca stand im Verdacht, an der Pisonischen Verschwörung gegen Nero maßgeblich beteiligt gewesen zu sein. Aus diesem Grund wurde er vom Princeps gezwungen, Selbstmord zu begehen (imperata mors).

Tacitus schildert den Tod des Philosophen Seneca

Danach öffneten sie [Seneca und seine Gattin Paulina] sich mit demselben Schnitt des Messers die Pulsadern. Weil Senecas greisenhafter und durch die karge Lebensweise geschwächter Körper dem Blut nur langsamen Abfluß ermöglichte, öffnete er auch an den Beinen und Kniekehlen die Adern [...]. Inzwischen bat Seneca, da sich das Sterben noch weiter hinzog und nur langsam vor sich ging, Statius Annaeus, der sich ihm schon lange durch seine treue Freundschaft und seine ärztliche Kunst bewährt hatte, das längst vorbereitete Gift zu holen, mit dem die vom Volksgericht der Athener Verurteilten hingerichtet wurden; als man es brachte, trank er es, aber ohne Folgen, da seine Glieder schon erkaltet waren und der Körper sich der Wirkung des Giftes verschloß. Endlich stieg er in ein Bassin mit heißem Wasser, wobei er die zunächststehenden Sklaven besprengte und hinzufügte, er weihe dieses Naß Iuppiter, dem Befreier. Dann in das Dampfbad gebracht und in dessen Qualm erstickt, wurde er ohne jede Leichenfeier verbrannt. So hatte er in seinem Testament verfügt, da er auch zu einem Zeitpunkt, als er noch im Vollbesitz seines Reichtums und auf der Höhe der Macht stand, für sein Ende vorsorgte.

Übers. v. Erich Heller, Tacitus. Annalen. München: dtv 1982. Bibliothek der Antike. Bd. 2283

44 Vertiefung

Kompetenzorientierte Arbeitsaufgaben ➤ S. 115

1 Wie definiert Seneca den Tod?

2 Vergleiche Senecas persönliche Sicht des Todes mit dem Bericht des Tacitus (➤ ET 12).

Abb. 47: P. P. Rubens, Der Tod des Seneca, *München, Alte Pinakothek, Ölgemälde um 1611*

45 text

Cicero,
Tusculanae disputationes 1, 75

„Sterben lernen“

Ciceros erstes Buch der **„Gespräche in Tuskulum – *Tusculanae disputationes*“** behandelt ein zentrales Thema der Moralphilosophie: die Verachtung des Todes, die insbesondere am Beispiel des Sokrates aufgezeigt wird. In einem Lehrvortrag referiert Cicero aus verschiedenen griechischen Quellen, dass der Tod kein Übel sein kann; damit engstens verbunden ist die platonische Lehre von der Unsterblichkeit der Seele (➤ Einleitung S. 4).

75 Tota enim philosophorum vita, ut ait idem[1], commentatio[2] mortis est. Nam quid aliud agimus, cum a voluptate, id est a corpore, cum a re familiari, quae est ministra[3] et famula[4] corporis, cum a re publica, cum a negotio omni sevocamus[5] animum, quid, inquam, tum agimus, nisi animum ad se ipsum advocamus, secum esse cogimus maximeque a corpore abducimus? Secernere[6] autem a corpore animum, nec quicquam aliud, est mori discere. Quare hoc commentemur[7], mihi crede, disiungamusque[8] nos a corporibus, id est consuescamus mori. Hoc, et dum erimus in terris, erit illi caelesti vitae simile, et cum illuc ex vinclis[9] emissi[10] feremur, minus tardabitur[11] cursus animorum. Nam qui in compedibus[12] corporis semper fuerunt, etiam cum soluti sunt, tardius ingrediuntur, ut ii, qui ferro vincti[13] multos annos fuerunt. Quo cum venerimus, tum denique vivemus. Nam haec quidem vita mors est, quam lamentari[14] possem, si liberet[15].

75 **1 idem** = Sokrates **2 commentatio**, -nis f.: Vorbereitung **3 ministra**, -ae: Gehilfin **4 famula**, -ae: Dienerin **5 sevoco** 1: wegrufen

6 secerno 3: trennen **7 commentor** 1: reiflich erwägen **8 disiungo** 3: loslösen **9 vinc(u)lum**, -i: Fessel **10 emitto** 3: entlassen **11 tardo** 1: aufhalten **12 compes**, -dis f.: Fessel

13 ferro vincti: in Eisen geschmiedet **14 lamentor** 1: bejammern **15 libet** (unpers.): es gefällt

45 kommentar

Cicero,
Tusculanae disputationes 1, 75

75 ut ait idem: Sokrates bei Platon, „Phaidon“ 67e:

> In der Tat bereiten sich die echten Philosophen auf das Sterben vor, und der Tod ist für sie weniger schrecklich als für alle anderen Menschen.

secernere autem: schließt den mit *tota ... vita ... commentatio mortis est* eingeleiteten Beweis ab, der wiederum aus Platon, „Phaidon“ 67d übernommen ist:

> Wie wir aber behaupten, bemühen sich die echten Philosophen jederzeit am meisten und als Einzige darum, ihre Seele loszulösen; gerade das ist doch ihr Bestreben, die Loslösung der Seele vom Leib.

Zum Thema ➤ ET 13 und 14, S. 89 f.

mori discere: vgl. Seneca, dial. 10, 7,3: *tota vita discendum est mori* (➤ T 34, S. 65 f.)
nam qui in compedibus corporis fuerunt ...: Der Gedanke von den Fesseln des Körpers stammt aus Platons berühmtem Höhlengleichnis (Politeia 514a–518 b, bes. 515c; ➤ Einleitung S. 4).
quo cum venerimus: Diese Anschauung hat Cicero bereits im „Traum Scipios" (De re publica 6,14) vertreten, wenn er den Hannibal-Bezwinger Scipio Africanus Maior zu seinem Adoptivenkel über den Aufenthaltsort der Verstorbenen sagen lässt:

> „Freilich, die leben, die aus den Fesseln der Körper gleich wie aus einem Kerker entflohen sind; euer Leben aber ist der Tod. – *immo vero hi vivunt, qui e corporum vinculis tamquam e carcere evolaverunt, vestra vero quae dicitur vita, mors est."*

E13 text

Platon,
Phaidon 80e–81a

Sokrates spricht zu Kebes:

„Wenn sie [die Seele] sich in reinem Zustande vom Leibe trennt und nichts mehr von ihm mit sich schleppt, weil sie schon im Leben aus freiem Willen nichts mit ihm gemein hatte, sondern ihn gemieden und sich ganz in sich selbst gesammelt hat, da das ihr stetes Streben war – das bedeutet aber nichts anderes, als daß sie auf richtige Art philosophiert und sich in Wahrheit um einen leichten Tod bemüht, oder heißt das nicht, auf den Tod bedacht sein?" – „Allerdings" – „Wenn sie sich also in diesem Stande befindet, dann gelangt sie doch gewiß zu dem, was ihr selber ähnlich ist, dem Unsichtbaren, dem Göttlichen und Unsterblichen und Vernünftigen. Und wenn sie dorthin gelangt, darf sie glücklich sein, frei von Irrtum und von Unvernunft und von Ängsten und wilden Liebesbegierden und den anderen menschlichen Übeln. Und so, wie man es von den Eingeweihten erzählt, verbringt sie dann in Wahrheit die übrige Zeit mit den Göttern."

Übers. v. Rudolf Rufener, Platon. Die großen Dialoge. Zürich/München: Artemis & Winkler 1991

Abb. 48: Jacques Louis David, Tod des Socrates, *New York, The Metropolitan Museum of Art, Ölgemälde um 1787. Die bildliche Darstellung orientiert sich an der Schilderung in Platons Dialog „Phaidon".*

E14 text

Ambrosius,
De bono mortis 9

Der Kirchenvater Ambrosius von Mailand (340–397 n. Chr.) veröffentlichte um 387 die Schrift „Der Tod – ein Gut", in der er Gedanken aus Predigten zusammenfasste, die er in einer Zeit großer Not und Katastrophen als mitfühlender Bischof und Seelsorger gehalten hatte.

Daher geht das Streben der Gerechten schon in diesem Leben darauf, sich frei zu machen von der Befleckung mit dieser Leiblichkeit, die wie Fesseln uns bindet, daher suchen sie sich von den Mühseligkeiten hienieden loszumachen; sie sagen ab den Vergnügungen und der Genußsucht und fliehen das Feuer der bösen Begierden. Stellt demnach nicht einer schon in diesem Leben das Bild des Todes dar, der so zu leben vermag, daß ihm alle sinnlichen Freuden ersterben und er auch selbst allen Begierden und Lockungen der Welt abstirbt [...]? Daher, damit wir wissen, daß es ein Sterben in diesem Leben gibt, und zwar ein gutes Sterben, ermahnt er [Paulus] uns, wir sollen den Tod Jesu an unserem Körper tragen (2 Kor 4,10 ff.) [...].

Übers. v. Josef Huhn, Ambrosius von Mailand. Der Tod – ein Gut. Freiburg: Johannes Verlag Einsiedeln 1992

45 Vertiefung

1 Wie definiert Cicero das Wesen des Philosophenlebens?

2 Worin unterscheidet sich die Darstellung Ciceros von den Aussagen des Sokrates bei Platon (➤ ET 13)?

3 Wie interpretiert Ambrosius den Gedanken der Loslösung vom Körper aus christlicher Sicht (➤ ET 14)?

4 Wie wirkte die Trennung von Leib und Seele in der Geschichte des Christentums nach? Wie wirkt sie noch heute nach?

46 Text

Cicero,
Tusculanae disputationes 1, 97–99, gek.

Der Tod des Philosophen

Als herausragendes Beispiel der Todesverachtung stellt Cicero an dieser Stelle die Haltung des Sokrates vor, der auf ungerechte Anklagen hin zum Tode verurteilt wurde. Seine Verteidigungsreden schrieb sein Schüler Platon in der „Apologie" nieder. Cicero übernimmt diese Passage aus dem Schlussteil der dritten Rede, die Sokrates nach der Verkündigung des Todesurteils vor den athenischen Richtern hielt (Platon, Apologie 40c–42a), und gibt sie in freier lateinischer Übersetzung wieder.

97 [...] „Magna me" inquit[1] „spes tenet, iudices, bene mihi evenire[2], quod mittar ad mortem. Necesse est enim sit[3] alterum de duobus, ut aut sensus[4] omnino omnes mors auferat aut in alium quendam locum ex his locis morte migretur[5]. Quam ob rem, sive sensus extinguitur morsque ei somno similis est, qui nonnumquam

97 **1** erg. Socrates **2** **bene mihi evenire**: dass mir Gutes widerfährt **3** **sit** = ut sit **4** **sensus**, -us m.: Sinnesempfindung **5** **migro** 1: reisen

etiam sine visis somniorum[6] placatissimam quietem adfert, di boni, quid lucri[7] est emori! Aut quam multi dies reperiri possunt, qui tali nocti anteponantur! Cui si similis est futura perpetuitas[8] omnis consequentis temporis, quis me beatior?

98 Sin vera sunt, quae dicuntur, migrationem esse mortem in eas oras[9], quas, qui e vita excesserunt, incolunt, id multo iam beatius est. *Wenn man denen, die sich in die Reihe der Richter zählen wollen, entronnen ist, kann euch dann diese Reise unbedeutend erscheinen, dass man nämlich zu denen kommt, die wahrhaftig Richter genannt werden dürfen, zu Minos, Rhadamanthys, Aiakos und Triptolemos, und sich mit denen trifft, die gerecht und ehrenhaft gelebt haben? Mit Orpheus, Musaios, Homer und Hesiod zu sprechen, wie hoch würdet ihr das schätzen? Ich freilich würde, wenn es möglich wäre, oft sterben wollen, damit ich das erleben könnte, was ich sage. Wie große Freude würde mich erfüllen, wenn ich Palamedes, Aiax und andere, die ein ungerechtes Urteil erfahren haben, träfe! Ich könnte dann auch die Klugheit des Oberkönigs (= Agamemnon) prüfen, der das riesige Heer nach Troja geführt hat, und die des Odysseus und des Sisyphos und ich würde nicht zum Tode verurteilt werden, wenn ich Fragen stellte, die ich hier zu stellen pflegte.*

99 Ne vos quidem iudices ii, qui me absolvistis[10], mortem timueritis! Nec enim cuiquam bono mali quicquam evenire potest nec vivo nec mortuo, nec umquam eius res a dis immortalibus neglegentur, nec mihi ipsi hoc accidit fortuito[11]. Nec vero ego iis, a quibus accusatus aut a quibus condemnatus sum, habeo, quod[12] suscenseam[13], nisi quod mihi nocere[14] se crediderunt." Et haec quidem hoc modo; nihil autem melius extremo[15]: „Sed tempus est" inquit „iam hinc abire, me, ut moriar, vos, ut vitam agatis. Utrum autem sit melius, di inmortales sciunt, hominem quidem scire arbitror neminem".

6 sine visis somniorum: ohne Träume **7 lucrum**, -i: Gewinn **8 perpetuitas**, -tis f.: Dauer

98 9 ora, -ae: Gegend

***Abb. 49: Homer**, Neapel, Archäologisches Nationalmuseum, Sammlung Farnese, Marmorbüste. (Wie Homer wirklich ausgesehen hat, ist unbekannt.)*

99 10 absolvo 3: h. freisprechen **11 fortuito** (adv.): zufällig **12 habeo, quod**: ich habe einen Grund, dass **13 suscenseo** 2: zürnen **14 noceo** 2: schaden **15 extremo**: abl. comp.; **extremum**, -i: h. Schluss

46 Kommentar

Cicero,
Tusculanae disputationes 1, 97–99, gek.

98 **Minos, Rhadamanthys, Aiakos, Triptolemos**: Minos, Sohn des Zeus und der Europa, sagenhafter König von Kreta, übte ebenso wie sein Bruder Rhadamanthys, bekannt durch seine Weisheit und Gerechtigkeit, in der Unterwelt die Funktion eines Totenrichters aus. Dahinter steht die Vorstellung einer vergeltenden Gerechtigkeit im Jenseits. Aiakos, ebenfalls ein Sohn des Zeus, war durch seine Frömmigkeit und Gerechtigkeitsliebe bekannt und wurde daher nach seinem Tod zum Totenrichter. Triptolemos erhielt von Demeter (Mutter Erde) den Weizen als Geschenk und wurde von ihr beauftragt, den Ackerbau und ihren Kult über die ganze Welt zu verbreiten.

Orpheus: gottbegnadeter Sänger, der mit seinem Gesang sogar Pflanzen und Tiere bezaubern konnte

Musaios: legendärer griechischer Sänger, Sohn des Orpheus

Homer: ältester und berühmtester Dichter der Griechen in der zweiten Hälfte des 8. Jhs. v. Chr., gilt als Verfasser der beiden Epen **„Ilias“** und **„Odyssee“**.

Hesiod von Askra in Boeotien, um 700 v. Chr.: neben Homer der bedeutendste Epiker der frühgriechischen Zeit, Verfasser einer **„Götterentstehung – Theogonie“** und eines Lehrgedichts **„Werke und Tage – Erga kai hemerai“**

Palamedes: weiser Ratgeber der Griechen vor Troja; er gilt als Erfinder der Buchstabenschrift, des Rechnens und Messens, aber auch des Brett- und Würfelspiels. Auf eine Intrige des Odysseus hin wird er ungerechterweise des Hochverrats angeklagt und gesteinigt.

Aiax: Sohn des Telamon aus Salamis, war nach Achill der stärkste und wildeste Held vor Troja. Als nach dem Tod des Achill dessen Waffen in einem Schiedsgericht nicht ihm, sondern dem Odysseus zugesprochen werden, will er in seiner Empörung über diese Entscheidung alle griechischen Heerführer töten. Dies kann nur durch die Hilfe der Göttin Athene verhindert werden, die ihn in Wahnsinn verfallen lässt, sodass er an Stelle der Heerführer eine Schafherde niedermetzelt. Wieder bei Sinnen, erkennt er seine Wahnsinnstat und stürzt sich in sein Schwert.

Agamemnon: König von Mykene und Heerführer der Griechen im Krieg gegen Troja

Odysseus: König von Ithaka, galt als einer der klügsten Griechen, weshalb er den Beinamen „der Listenreiche“ erhielt

Sisyphos: Erbauer der Stadt Korinth, galt ebenfalls als Inbegriff von Schlauheit und List. In der Unterwelt muss er für seinen ruchlosen Lebenswandel büßen: Er rollt einen schweren Stein eine Anhöhe hinauf; sobald er jedoch den höchsten Punkt erreicht hat, rollt der Stein wieder zurück, und die erfolglose Arbeit muss von Neuem beginnen. Daher die Bezeichnung „Sisyphus-Arbeit“ für eine sinnlose, an kein Ziel gelangende Tätigkeit.

46 Vertiefung

Kompetenzorientierte Arbeitsaufgaben ➤ S. 116

1 Welche Alternativen bietet Sokrates in der Deutung des Todes an?

2 **a** Wie stellt sich Sokrates den Aufenthalt in der Unterwelt vor?

b Aus welchem Grund nennt er die Beispiele aus Mythologie und Dichtung?

47 text

Seneca, Epistulae morales 99, 7–9

Bedenke den raschen Ablauf der Zeit!

Der 99. Brief an Lucilius gibt eine Trostschrift wieder, die Seneca an einen gewissen Marullus zum frühen Tod seines kleinen Sohnes richtete. Darin geht er gegen die übertriebene Trauer des Vaters mit der scheltenden Strenge eines stoischen Seelenführers vor, der den rigorosen Standpunkt der „Apathie“ (Empfindungslosigkeit) vertritt. Zu den Formen des Traueraffekts und seiner Behandlung ➤ K 48, S. 95 und ET 15, S. 94.

Abb. 50: ***Zeitablauf im Kosmos****, Prag, Rathaus*

7 Respice celeritatem rapidissimi temporis, cogita brevitatem huius spatii, per quod citatissimi[1] currimus, observa hunc comitatum[2] generis humani eodem tendentis[3] minimis intervallis distinctum[4], etiam ubi maxima videntur: quem putas perisse, praemissus est. Quid autem <est> dementius[5] quam, cum[6] idem tibi iter emetiendum[7] sit, flere eum, qui antecessit?

8 Flet aliquis factum, quod non ignoravit[8] futurum? Aut si mortem in homine non cogitavit, sibi imposuit[9]. Flet aliquis factum, quod aiebat[10] non posse non fieri? Quisquis aliquem queritur mortuum esse, queritur hominem fuisse. Omnes eadem condicio devinxit[11]: cui nasci contigit[12], mori restat.

9 Intervallis[13] distinguimur[14], exitu aequamur. Hoc, quod inter primum diem et ultimum iacet, varium incertumque est: si molestias[15] aestimes[16], etiam puero longum, si velocitatem, etiam seni angustum[17]. Nihil non lubricum[18] et fallax[19] et omni tempestate[20] mobilius: iactantur[21] cuncta et in contrarium transeunt iubente fortuna, et in tanta volutatione[22] rerum humanarum nihil cuiquam nisi mors certum est. Tamen de eo queruntur omnes, in quo uno nemo decipitur[23].

7 **1 citatus** 3: schnell **2 comitatus**, -us m.: Kolonne, Geleitzug **3 eodem tendere**: zu demselben Ziel streben **4 distinctus** 3: getrennt **5 demens**, -tis: unsinnig **6 cum** concessivum **7 emetior** 4: durchmessen, zurücklegen

8 **8 factum, quod non ignoravit futurum** <esse>: AcI im Relativsatz) **9 sibi imponere**: h. sich etwas vormachen **10 aio** 3 (Imperf.: aiebam): sagen, behaupten (Satzbau ➤ Anm. 8) **11 devincio** 4, -vinxi: binden **12 contingo** 3, -tigi: zuteil werden

9 **13 intervallum**, -i: h. Lebensspanne **14 distinguo** 3: unterscheiden **15 molestia**, -ae: Beschwerlichkeit **16 aestimo** 1: h. berücksichtigen **17 angustus** 3: knapp **18 lubricus** 3: gefährlich **19 fallax**, -acis: trügerisch **20 tempestas**, -tis f.: h. Wetter **21 iacto** 1: hin und her werfen **22 volutatio**, -nis f.: h. Wirbel, Wirrnis **23 decipio** 3M: täuschen

47 Kommentar

Seneca,
Epistulae morales 99, 7–9

8 cui nasci contigit: eine Form des in Trostschriften häufig verwendeten „Geburtstopos“, der besagt, dass mit der Geburt des Menschen untrennbar auch sein Tod verbunden ist.

E15 text

Plutarchos von Chaironeia (50–120 n. Chr.),
Trostschrift an Apollonios, c. 28, gek.

Man darf also die früh Dahingestorbenen nicht darum beklagen, daß sie auf die angeblichen Güter eines langen Lebens Verzicht leisten mußten [...]. Es scheint also, wir haben das Wort des Euripides [Phoenissae 555 f.] vergessen: „Was wir besitzen ist nicht unser Eigentum“, ja überhaupt nichts ist Eigentum der Menschen, wie es denn bei Euripides weiter heißt: „Es ist nur anvertrautes Gut aus Gottes Hand, / Will er es wiederhaben, nimmt er es zurück“.

Wir dürfen also nicht ungehalten sein, wenn sie [die Götter], was sie uns auf kurze Zeit verliehen, wieder zurückfordern. [...]

Wer also, wenn es für ihn selbst ans Sterben geht oder wenn er Kinder verloren hat, über die Maßen jammert, hat offenbar vergessen, daß auch er ein Mensch ist und daß er sterbliche Kinder gezeugt hat. Denn ein verständiger Mensch kann und darf nicht vergessen, daß der Mensch ein sterbliches Geschöpf ist und daß er geboren ist, um zu sterben. [...]

Übers. v. Otto Apelt, Plutarch. Moralische Schriften Bd. II. Parallelschriften zu Senecas Dialogen. Leipzig: Meiner 1926

47 Vertiefung

1 Mit welchem Bild wird in § 7 das Leben des Menschen verglichen? Zähle die von Seneca verwendeten Begriffe auf.

2 Wie wird in § 8 das Menschenschicksal beschrieben?

3 Worin liegt das menschliche Fehlverhalten angesichts der unabänderlichen Gegebenheit des Todes?

4 Welche Stilmittel dominieren in § 8 und 9? Was will der Autor damit zum Ausdruck bringen?

5 Vergleiche die Aussagen Senecas mit denen des Plutarch (➤ ET 15) und stelle Gemeinsamkeiten bzw. Unterschiede fest.

48 text

Seneca,
Dialogus 6 (= Ad Marciam de consolatione), 20, 1 f.

„Der Tod – die beste Erfindung der Natur“

Unter Kaiser Caligula verfasste Seneca (37–41 n. Chr.) die Trostschrift an Marcia, die Tochter des Historikers A. Cremutius Cordus, zum Tod ihres jungen Sohnes Metilius. In dieser Schrift trägt der Autor der Mutter zahlreiche tröstende Argumente aus der einschlägigen Literatur zum frühzeitigen Tod *(immatura mors)* eines jungen Menschen vor.

20,1 O ignaros[1] malorum suorum, quibus[2] non mors ut optimum inventum[3] naturae laudatur exspectaturque, sive felicitatem includit, sive calamitatem repellit[4], sive satietatem[5] ac lassitudinem[6] senis terminat, sive iuvenile aevum[7], dum meliora sperantur, in flore deducit[8], sive pueritiam ante duriores gradus revocat[9], omnibus finis, multis remedium[10], quibusdam votum[11], de nullis melius merita[12] quam de iis, ad quos venit, antequam invocaretur.

20,1 **1 ignarus** 3 (+ gen.): unwissend um ...; h. Akk. des Ausrufs **2 quibus** (= dat. auctoris): von denen **3 inventum**, -i: Erfindung **4 repello** 3: abweisen **5 satietas**, -tis f.: Überdruss **6 lassitudo**, -inis f.: Ermattung **7 aevum**, -i: Alter **8 deduco** 3: entführen **9 revoco** 1: h. abhalten **10 remedium**, -i: Heilmittel **11 votum**, -i: Wunsch, Verlangen **12 de nullis melius merita**: part. coni. zu mors; **mereor** 2, meritus sum: sich verdient machen

20,2 Haec[13] servitutem invito domino remittit[14]; haec captivorum catenas[15] levat[16]; haec <eos> e carcere educit, quos exire imperium impotens[17] vetuerat; haec exsulibus[18] in patriam semper animum oculosque tendentibus[19] ostendit nihil interesse[20], infra quos quis iaceat[21]; haec, ubi res communes fortuna male divisit et aequo iure genitos[22] alium alii donavit[23], exaequat[24] omnia; haec est, post quam[25] nihil quisquam alieno fecit arbitrio[26]; haec est, in qua nemo humilitatem[27] suam sensit; haec est, quae nulli non patuit[28]; haec est, Marcia, quam pater tuus concupivit; haec est, inquam, quae efficit, ut nasci[29] non sit supplicium[30], quae efficit, ut non concidam[31] adversus minas casuum[32], ut servare animum salvum ac potentem sui[33] possim: habeo, quod appellem[34].

20,2 **13 haec** = mors **14 remitto** 3: h. befreien aus ... **15 catena**, -ae: Kette **16 levo** 1: abnehmen **17 impotens**, -tis: maßlos **18 exsul**, is m./f.: Verbannte(r) **19 tendo** 3: auf etw. richten **20 nihil interest**: es ist unwichtig **21 iaceo** 2: h. begraben sein **22 aequo iure genitos**: gleichberechtigte Menschenkinder **23 alium alii** (= dat.) **donare**: dem einen den anderen (als Eigentum) geben **24 exaequo** 1: gleich machen **25 post quam**: nach dessen Eintreten **26 alieno arbitrio**: nach fremder Entscheidung **27 humilitas**, -tis f.: Niedrigkeit des Standes **28 pateo** 2: offen stehen **29 nasci**: Geborenwerden (subst. Infinitiv) **30 supplicium**, -i: Strafe **31 concido** 3: zusammenbrechen **32 minae casuum**: Schicksalsdrohungen **33 potens sui**: ihrer selbst mächtig **34 appello** 1: um Hilfe bitten

48 kommentar

Seneca,
Dialogus 6 (= Ad Marciam de consolatione), 20, 1 f.

20,1 **O ignaros malorum ...**: Die scheltende Anrede an die ihre Bedingtheit nicht erkennenden Menschen gehört zur Praxis der Behandlung des Traueraffekts, dessen schlimmste Form die „Dyspathie“, die unbeherrschte und grenzenlose Trauer ist. Die Philosophie der Alten Stoa empfahl dagegen die „Apathie“, die völlige Vermeidung von Traueräußerungen. Der akademische Philosoph Krantor von Soloi (344–275 v. Chr.) hingegen, der mit seiner Schrift „Über die Trauer“ die antike Trostliteratur begründete, riet zu dem den Menschen wesentlich mehr entsprechenden Mittelweg der „Metriopathie“, der maßvollen und zeitlich beschränkten Trauer.

20,2 **quae nulli non patuit**: Nach Ansicht der Stoa hat der vollkommene Weise die Möglichkeit, nach Abwägung aller Momente in klarer Erkenntnis aus dem Leben zu scheiden.

pater tuus: Aulus Cremutius Cordus war römischer Geschichtsschreiber zur Zeit der Kaiser Augustus (27 v.–14 n. Chr.) und Tiberius (14–37 n. Chr.) und vertrat in seinem Werk *„Annales“* eine gegen den Prinzipat opponierende republikanische Haltung. Im Jahre 25 n. Chr. zog er sich den Hass des Prätorianerpräfekten Seian zu und wurde vor dem Senat angeklagt, weil er die Caesarmörder Brutus und Cassius verherrlicht hatte. Nach freimütiger, aber erfolgloser Verteidigung schied er freiwillig durch Hungern aus dem Leben (vgl. Tacitus, Annalen 4, 34 f.).

48 Vertiefung

1 In welchen Situationen kann der Tod den Menschen treffen?

2 Welche Vorzüge schreibt Seneca dem Tod zu?

49 text

Seneca,
Dialogus 6 (= Ad Marciam de consolatione), 20, 6; 21, 1; 5

Trost angesichts der Tragik des frühzeitigen Todes

20,6 […] Nihil ergo illi[1] mali[2] immatura[3] mors attulit: omnium etiam malorum remisit[4] patientiam[5].

21,1 „Nimis tamen cito periit et immaturus“. – Primum puta illi superfuisse[6]! Comprende[7], quantum plurimum procedere[8] homini licet: quantum est? Ad brevissimum tempus editi[9], cito cessuri[10] loco venienti[11] in pactum hoc prospicimus hospitium[12]. De nostris aetatibus loquor, quas incredibili celeritate convolvi[13] constat. […] Omnia humana brevia et caduca[14] sunt et infiniti temporis nullam partem occupantia[15].

21,5 Fixus est[16] cuique terminus[17]: manebit semper, ubi positus est, nec illum[18] ulterius[19] diligentia aut gratia[20] promovebit[21]. Sic habe[22] te illum[23] ex aeterno divinae mentis consilio perdidisse: tulit suum[24] *metasque[25] dati pervenit ad[26] aevi.*

20,6 **1 illi** = Marcias Sohn Metilius **2 nihil … mali**: gen. part. **3 immaturus** 3: frühzeitig **4 remitto** 3: erlassen **5 patientia**, -ae: Leiden, Qual

21,1 **6 puta illi superfuisse**: nimm an, er hätte länger gelebt **7 comprende**: nimm so viel Zeit **8 plurimum procedere**: höchstens durchleben **9 editus** 3: geboren **10 loco cedo** 3, cessi, cessum: vom Platz weichen **11 venienti** (= dat. commodi): für einen Nachkommenden **12 in pactum hoc … hospitium**: auf dieses vereinbarte Gastrecht **13 convolvi** (= med. Inf.): h. ablaufen **14 caducus** 3: hinfällig **15 occupo** 1: h. beanspruchen

21,5 **16 figo** 3, fixi, fixum: festlegen **17 terminus**, -i: Grenze **18 illum** = terminum **19 ulterius**: weiter hinaus **20 gratia**, -ae: h. Beliebtheit **21 promoveo** 2: h. versetzen **22 sic habe**: so halte es (mit nachfolgendem AcI) **23 illum** = Metilium **24 tulit suum**: er hat das Seine bekommen **25 meta**, -ae: Ziel **26 ad**: zu metas

49 Kommentar

Seneca,
Dialogus 6 (= Ad Marciam de consolatione), 20, 6; 21, 1; 5

20,6 / 21,1 nihil ... immaturus: Seneca schließt die Argumentation zum frühen Tode des Metilius ab (➤ T 48, S. 94 f.), muss aber auf einen weiteren Einwand des gedachten Gesprächspartners, hier wohl der Mutter Marcia, eingehen. Mit dieser in der antiken Seelenführung gängigen Methode kann der Autor von einer Argumentationskette auf eine andere überwechseln.
pactum ... hospitium: So lautet der überlieferte Text. Er gibt durchaus einen Sinn, wenn man den Trostgedanken bedenkt, dass dem Menschen durch das Fatum gleichsam ein vertraglich vereinbartes Gastrecht auf Erden zugestanden ist, über dessen Zeitdauer er nicht verfügen kann.
5 metasque ...: Zitat aus Vergil, „Aeneis“ 10, 472

49 Vertiefung

1 Warum ist Metilius bei seinem frühen Tod kein Übel zugestoßen?

2 Mit welchen Argumenten entgegnet Seneca dem *fictus interlocutor* (➤ K 2, S. 17)?

3 Mit welcher Metapher veranschaulicht der Autor die Kürze der Lebenszeit?

50 Text

Erasmus,
Der Trostbrief – De epistola consolatoria, gek.

Heilender Trost – eine Freundespflicht

Erasmus von Rotterdam (➤ Einleitung zu T 31, S. 61 f.) beschäftigte sich wie andere Humanisten in der Nachfolge antiker Vorbilder intensiv mit der Theorie und Praxis des Briefschreibens als eines der wichtigsten Kommunikationsmittel seiner Zeit. So entstand in jahrelanger Beschäftigung ein so genannter Briefsteller: die **„Anleitung zum Briefschreiben – *De conscribendis epistolis*“** (heutige Textgestaltung aus den Jahren 1522 bzw. 1534). Das Werk enthält nach einer allgemeinen Charakteristik des Briefes und seiner Stilqualitäten sowie einem schulpraktischen Abschnitt konkrete Anleitungen zur Abfassung von Briefen und ihrer einzelnen Gattungen, die nach dem Schema der antiken Rhetorik angeordnet sind: 1. ratgebende Gattung; 2. darstellende Gattung; 3. gerichtliche Gattung; 4. außerordentliche Gattung, von Erasmus als *genus familiare* bezeichnet, unter die auch der „Trostbrief – *epistola consolatoria*“ fällt.

Abb. 51: Albrecht Dürer, Erasmus von Rotterdam, Kupferstich 1526

Cum vita mortalium undique plena sit calamitatum neque multos reperire liceat, quos suae fortunae non paeniteat[1], nullum officium incidit[2] frequentius, quam ut amicorum animos consolando[3] sublevemus[4]. Neque vero mediocre[5] beneficium est tempestiva[6] et amica consolatio[7], qua quoties in rebus afflictis[8] eorum, quibus bene volumus, aegritudini[9] re mederi[10] non licet, verbis saltem lenimus dolorem. Verum scite id ipsum faciamus oportet, ne velut imperiti medici vulnus crudum[11] adhuc et recens exulceremus[12] potius quam mitigemus[13].

Proinde triplex[14] erit ratio tractandae[15] consolationis:

Una simplex et aperta, per quam argumentis declaramus non esse causam dolendi: cum viro sapienti nihil accidere possit triste praeter turpitudinem[16] neque a quoquam laedi possit nisi a se ipso. Huiusmodi validis[17] pharmacis[18] utemur, quoties[19] nobis cum philosopho aut alioqui viro cordato[20] res est.

Altera per insinuationem[21] sumenda, quoties aut animus est infirmior aut dolor recentior acerbiorve, quam ut aperte patiatur sibi admoveri[22] manus. [...]

Quod si[23] eiusmodi sit incommodum[24], ut diuturnum videri necesse sit, aliis extenuandi[25] rationibus utemur. Aut enim non esse incommodum aut non esse tam grave, quam apparet, nitemur ostendere. [...]

Hic philosophorum rationes et praeter ceteros Stoicorum plurimum adiuvabunt, si eiusmodi calamitatem[26] vel famae eius profuturam vel gradum quendam ad maxima commoda[27] iactum[28] esse ostendemus. Solet enim summa virtus summaque felicitas a durissimis initiis plerumque proficisci[29]: idque exemplis approbabimus[30], si theologico more eiusmodi tempestatem[31] a superis propitius[32] immissam dicemus, corpori quidem molestam, sed animae salutarem. Nihil autem aeque do-

1 paenitet (unpers.): unzufrieden sein **2 incido** 3, incidi: anfallen (+ acc.)

3 consolor 1: trösten **4 sublevo** 1: helfen (+ acc.) **5 mediocris**, -e: unbedeutend **6 tempestivus** 3: rechtzeitig **7 consolatio**, -nis f.: Trost; Trostschrift **8 quoties in rebus afflictis**: jedes Mal im Unglücksfall **9 aegritudo**, -inis f.: Kummer **10 medeor** 2: heilen (+ dat.)

11 crudus 3: blutend **12 exulcero** 1: zum Eitern bringen **13 mitigo** 1: lindern

14 triplex, -icis: dreifach **15 tracto** 1: abfassen

16 turpitudo, -inis f.: Schande **17 validus** 3: wirksam **18 pharmacum**, -i: Heilmittel **19 quoties:** jedes Mal, wenn **20 cordatus** 3: verständig

21 insinuatio, -nis f.: Empfehlung **22 admoveo** 2: anlegen **23 quod si**: wenn aber **24 incommodum**, -i: Unglück

25 extenuo 1: abschwächen

26 calamitas, -tis f.: Unglück **27 commoda**, -orum: Glück **28 gradum iacio** 3M, ieci, iactus: einen Schritt setzen

29 proficiscor 3: den Ausgang nehmen **30 approbo** 1: nachweisen **31 tempestas**, -is f.: Unwetter, Unheil **32 propitius** 3: wohlmeinend

lorem levat teste Cicerone ut communis tamquam legis humanae conditionis recordatio[33]; quare id mali[34] illi cum universo mortalium genere vel certe cum clarissimis optimisque viris quam plurimis commune esse declarabimus. Hic illustrium virorum exempla, qui in eosdem luctus[35] inciderunt[36] aut certe similes quique eos fortissimo animo, maxima cum laude tulerunt, accumulabimus[37].

33 recordatio, -nis: Erinnerung **34 id mali** = id malum

50 **35 luctus** (acc. pl.): trauriges Schicksal **36 incido** 3 in: h. erleiden

55 **37 accumulo** 1: anhäufen, aufzählen

50 Kommentar

Erasmus,
Der Trostbrief – De epistola consolatoria, gek.

15 triplex ratio ... teste Cicerone: ➤ ET 16

E16 Text

Cicero,
Tusculanae disputationes 3,34

„Denn wer an die Natur des Alls, die Wechselfälle des Lebens, die Schwäche des Menschengeschlechtes denkt, der wird nicht trauern, wenn er dies tut, sondern gerade dann bewährt er sich im höchsten Grade als Weiser. Er erreicht nämlich beides: in der Betrachtung der Dinge erfüllt er die eigentliche Aufgabe der Philosophie und in Widrigkeiten heilt ihn ein dreifacher Trost: erstens, daß er schon lange daran gedacht hat, daß dergleichen geschehen könne, ein Gedanke, der in hervorragendstem Maße alle Kummer schwächt und auflöst; zweitens, daß er begreift, man müsse menschliche Dinge auf menschliche Weise tragen; drittens endlich, daß er einsieht, daß es kein Übel gibt außer der Schuld und daß keine Schuld dort vorliegen kann, wo etwas eintrifft, was der Macht des Menschen entzogen ist."

Übers. v. Olof Gigon, M. Tullius Cicero. Gespräche in Tusculum. Zürich/München: Artemis & Winkler 1984

50 Vertiefung

Kompetenzorientierte Arbeitsaufgaben ➤ S. 117

1 Wie beschreibt Erasmus einleitend die Freundespflicht des Trostes?

2 Gib in eigenen Worten die drei Trostmethoden des Erasmus wieder: Wie unterscheiden sie sich von den drei Trostgründen Ciceros (➤ ET 16)?

3 Wie charakterisiert Erasmus die Methode der Stoiker?

4 Worin liegt nach Ansicht des Autors die *communis hominum condicio?*

KOMPETENZORIENTIERTE ÜBUNGEN

Text 2: Was leistet die Philosophie tatsächlich?

➤ S. 16

1. Finde im Text je ein Beispiel für die unten aufgelisteten Stilmittel und zitiere dieses in der rechten Tabellenspalte!

Stilmittel	Beispiel (lateinisches Textzitat)
Anapher	
Anapher	
Anapher	
Parallelismus	
Parallelismus	

2. Nimm ausgehend von den folgenden Leitfragen Stellung zum Text und begründe deine Meinung! Antworte in ganzen Sätzen! (max. 150 W.)

- Wofür ist die Philosophie nicht zuständig?
- Der Mensch erlebt die Welt und sein Leben oft als von außen gesteuert. Welche Mächte könnten nach Seneca diese Steuerung durchführen?
- Was ist laut Seneca die Aufgabe der Philosophie?

3. Belege die folgenden Aussagen mit je einem passenden Zitat aus dem Text. Zitiere die Belegstellen in der rechten Tabellenspalte!

Aussage zum Text	Belege (lateinisches Textzitat)
1. Philosophie bedeutet nicht „reden", sondern „handeln".	
2. Philosophie ist eine Quelle von Rat in Krisensituationen.	
3. Philosophie ist ein Schutz gegen Schicksalsschläge.	
4. Philosophie veranlasst den Menschen zum richtigen Verhalten gegenüber höheren Mächten.	

Text 6: Umorientierung des Lebens durch philosophische Lektüre: Ciceros *„Hortensius"*

➤ S. 22

1. Trenne die folgenden Wörter in Präfix / Suffix und Grundwort und gib die im Kontext passende deutsche Bedeutung der einzelnen Elemente in Klammern an!

zusammengesetztes Wort	Präfix / Suffix (Bedeutung) + Grundwort (Bedeutung)
z.B. adeunt	*Präfix ad- (hin zu) + ire (gehen)*
z.B. libertati	*liber (frei) + Suffix -tas (Eigenschaft)*

zusammengesetztes Wort	Präfix / Suffix (Bedeutung) + Grundwort (Bedeutung)
perveneram (Z. 5)	
immortalitatem (Z. 14)	
redirem (Z. 16)	
incredibili (Z. 15)	

2. **Vergleiche den Text mit dem folgenden Vergleichstext und nenne zwei wesentliche inhaltliche Unterschiede und eine Gemeinsamkeit! Formuliere in ganzen Sätzen! (max. 200 W.)**

Vergleichstext: Hieronymus, Ep. ad Eustochium, 30

Bibl. der Kirchenväter, II.a. Aszetische Briefe

Nachdem ich manche Nacht durchwacht und viele Tränen vergossen hatte, welche die Reue über meine früheren Sünden gelöst, nahm ich den Plautus zur Hand. Als ich wieder zu mir selbst zurückfand, fing ich an, einen Propheten zu lesen, aber die harte Sprache stieß mich ab. Mit meinen blinden Augen sah ich das Licht nicht. Ich aber gab nicht den Augen die Schuld, sondern der Sonne. [...] Während so die alte Schlange ihr Spiel mit mir trieb, überkam meinen entkräfteten Körper etwa um die Mitte der Fastenzeit ein Fieber, das bis ins innerste Mark drang. Es ließ mir, fast klingt es unglaublich, keinen Augenblick Ruhe und dörrte meine unglücklichen Glieder so aus, daß die Knochen kaum zusammenhielten. Man traf sozusagen schon Anstalten zu meinem Begräbnis. Der Körper war bereits erkaltet, und nur in der erstarrenden Brust zitterte noch ein Funken natürlicher Lebenswärme. Plötzlich fühlte ich mich im Geiste vor den Richterstuhl geschleppt. Dort umstrahlte mich so viel Licht, und von der Schar der den Richterstuhl Umgebenden ging ein solcher Glanz aus, daß ich zu Boden fiel und nicht aufzublicken wagte. Nach meinem Stande befragt, gab ich zur Antwort, ich sei Christ. Der auf dem Richterstuhl saß, sprach zu mir: „Du lügst, du bist ein Ciceronianer, aber kein Christ. Wo nämlich dein Schatz ist, da ist auch dein Herz.“ Darauf verstummte ich. Er aber gab Befehl mich zu schlagen. Mehr noch als die Schläge peinigten mich die Gewissensqualen. Mir fiel der Vers ein: „Wer wird dich in der Hölle preisen?“ Ich fing an zu schreien und zu heulen: „Erbarme dich meiner, o Herr, erbarme dich meiner!“ Dieser Ruf übertönte die Peitschenhiebe. Schließlich warfen sich die Umstehenden dem Richter zu Füßen und baten, er möge meinem jugendlichen Leichtsinn verzeihen. Er möge mir Gelegenheit geben, meinen Irrtum zu büßen, jedoch die Strafe weiter an nur vollziehen, falls ich mir erneut einfallen lassen sollte, Werke der heidnischen Literatur zur Hand zu nehmen.

Text 7: Der Weg zu innerer Freiheit

➤ S. 23

1. **Der Text wird definiert durch den Gegensatz zwischen *philosophia* und *stultitia*. Finde im Text je vier Wendungen, die Eigenschaften beschreiben, die den beiden gegensätzlichen Phänomenen zugeschrieben bzw. durch sie bewirkt werden!**

philosophia	*stultitia*

2. **Gib in der rechten Tabellenspalte auf Deutsch jeweils ein Wort, eine Wendung oder einen Inhalt an, auf die sich die folgende Textzitate beziehen !**

lateinisches Textzitat	Bezug (deutsch)
hoc (Z. 7)	
ad hanc (Z. 4)	
ad hanc (Z. 13)	
ab illa (Z. 17 f.)	

3. **Nimm ausgehend von den folgenden Leitfragen Stellung zum Text und begründe deine Meinung! Antworte in ganzen Sätzen! (max. 200 W.)**

   - Wie beschreibt Seneca die Affekte und wie können wir uns ihm zufolge gegen sie schützen?
   - Was garantiert uns laut Seneca, dass wir uns über alle Probleme erheben können?
   - Was ist laut Seneca schändlich für einen Weisen und sollte gemieden werden?

Text 9: Lehre und Leben der Philosophen – ein Widerspruch? ➤ S. 26

1. **Fasse den Inhalt des Textes mit eigenen Worten knapp und in ganzen Sätzen zusammen! (max. 150 W.)**

2. **Ergänze die folgenden Satzteile zu einem vollständigen deutschen Satz, der den Inhalt der entsprechenden Textstelle präzise wiedergibt!**

1. Sogar Platon und Epikur werden
2. Seneca kritisiert Fehler der Philosophen und bezieht dabei
3. Seneca wird immer und gegen alle Widerstände
4. Es ist auch lobenswert, wenn man sich

3. **Wähle aus den gegebenen Möglichkeiten genau eine dem Text entsprechende Aussage durch Ankreuzen aus!**

Aussage	
1. Beharrlichkeit führt zum Ziel.	❑
2. Wenn auch die Kräfte fehlen, so ist doch das Bemühen anzuerkennen.	❑
3. Anfangen ist leicht, Beharren ist eine Kunst.	❑
4. Ein jeder kehre vor der eigenen Tür.	❑

4. **Finde im Text je ein Beispiel für die unten aufgelisteten Stilmittel und zitiere dieses in der rechten Tabellenspalte!**

Stilmittel	Beispiel (lateinisches Textzitat)
Anapher	
Anapher	
Anapher	

Stilmittel	Beispiel (lateinisches Textzitat)
Chiasmus	
Parallelismus	
Parallelismus	

Text 10: Übereinstimmung von Wort und Leben

➤ S. 27

1. **Finde im Text je ein Beispiel für die unten aufgelisteten Stilmittel und zitiere dieses in der rechten Tabellenspalte!**

Stilmittel	Beispiel (lateinisches Textzitat)
Anapher	
Antithese	
Parallelismus	
Parallelismus	

2. **Finde im Text zu den folgenden lateinischen Begriffen jeweils einen passenden lateinischen Gegenbegriff und zitiere diesen in der rechten Tabellenspalte!**

Begriff aus dem Text	Gegenbegriff derselben Wortart (lateinisches Textzitat)
z.B. stulti	*sapientibus*
sentimus	
sermo	
videas	
delectent	
se	

3. **Finde im Text zu den folgenden alphabetisch aufgelisteten Fremd- bzw. Lehnwörtern jeweils ein sprachlich verwandtes lateinisches Wort (Substantiv, Verb, Adjektiv, Adverb, Pronomen oder Zahlwort) und zitiere dieses in der rechten Tabellenspalte!**

Fremd- bzw. Lehnwort	lateinisches Textzitat
delektieren	*delectent*
Kolloquium	
Konsequenz	
Kontakt	
nostrifizieren	
ostentativ	
sensibel	

Text 11: Die Natur des Menschen – seine Gottverwandtschaft ➤ S. 28

1. Finde im Text je ein Beispiel für die unten aufgelisteten Stilmittel und zitiere dieses in der rechten Tabellenspalte!

Stilmittel	Beispiel (lateinisches Textzitat)
Alliteration	
Antithese	
Parallelismus	
Parallelismus	
Trikolon	

2. Überprüfe die Richtigkeit der Aussagen anhand des Textes! Kreuze entweder „richtig" oder „falsch" an!

Aussage	richtig	falsch
1. Den Menschen verbindet viel mit den Tieren, aber der Geist verbindet ihn mit der Gottheit.	❑	❑
2. Nur der Mensch hat Kenntnis von der Gottheit	❑	❑
3. Alle Geschöpfe auf Erden haben von Natur aus Tugend.	❑	❑
4. Der Mensch ist von der Natur in sinnvoller Weise reichlich begabt	❑	❑

3. Ergänze die folgenden Satzteile dem Inhalt des Textes entsprechend zu einem vollständigen deutschen Satz!

1. Als der Gottheit die Zeit dafür reif erschien, ließ sie
2. Von allen Lebewesen verfügt nur der Mensch über
3. Auch wenn manche Völker nicht die richtige Gottheit anbeten, wissen sie doch,
4. Tugend ist nichts anderes als

4. Gliedere den folgenden Satz aus dem Text in Hauptsatz (HS), Gliedsätze (GS) und satzwertige Konstruktionen (sK) und trage das jeweilige lateinische Textzitat in die Tabelle ein!

ipsisque in hominibus nulla gens est neque tam mansueta neque tam vera, quae non, etiamsi ignoret, qualem haberi deum deceat, tamen habendum sciat.

HS/GS/sK	lateinisches Textzitat
HS	

Text 16: Die rechte Gottesbeziehung des Menschen

➤ S. 36

1. Ordne den folgenden Abschnitten aus dem Text jeweils eine inhaltliche Parallele aus dem Vergleichstext zu und zitiere die entsprechende Stelle in der rechten Tabellenspalte. Eine Textstelle kann nur einmal zugeordnet werden.

Abschnitte aus dem Text	Parallele aus dem Vergleichstext (deutsches Textzitat)
sacer inter nos spiritus sedet (Z. 9)	
ille dat consilia magnifica et erecta (Z. 14 f.)	
animus conversatur nobiscum, sed haeret origini suae (Z. 26–29)	
nostris tamen melior interest (Z. 30 f.)	

Vergleichstext : 1. Korinther, 5 ff.

Nun gibt es verschiedene geistliche Gaben, aber es ist ein und derselbe Heilige Geist, der sie zuteilt. In der Gemeinde gibt es verschiedene Aufgaben, aber es ist ein und derselbe Herr, dem wir dienen. Gott wirkt auf verschiedene Weise in unserem Leben, aber es ist immer derselbe Gott, der in uns allen wirkt. Jedem von uns wird eine geistliche Gabe zum Nutzen der ganzen Gemeinde gegeben. Dem einen gibt der Geist also die Fähigkeit, guten Rat zu erteilen, einem anderen verleiht er die Gabe besonderer Erkenntnis. Dem einen schenkt er einen besonders großen Glauben, dem anderen die Gabe, Kranke zu heilen. Das alles bewirkt der eine Geist. Dem einen Menschen verleiht er Kräfte, dass er Wunder tun kann, einem anderen die Fähigkeit zur Prophetie. Wieder ein anderer wird durch den Geist befähigt zu unterscheiden, ob wirklich der Geist Gottes oder aber ein anderer Geist spricht. Und dem einen gibt der Geist die Gabe, in anderen Sprachen zu sprechen, während er einen anderen befähigt, das Gesagte auszulegen. Dies alles bewirkt aber ein und derselbe Heilige Geist, indem er diese Gaben zuteilt und allein entscheidet, welche Gabe jeder Einzelne erhält.

2. Wähle aus den gegebenen Möglichkeiten genau zwei dem Text entsprechende Aussagen durch Ankreuzen aus!

Aussage	
1. Eine gute Gesinnung zu erbeten ist dumm.	❑
2. Es gibt keine Götter, zu denen wir beten müssten.	❑
3. Wie wir den in uns wohnenden Geist behandeln, so behandelt er uns.	❑
4. Ein guter Mensch ist auch ohne Gott gut.	❑
5. In manchen Menschen wohnt offensichtlich ein Gott.	❑
6. Gott ist in den Sonnenstrahlen, die vom Himmel kommen.	❑

3. Versetze dich in die Rolle eines streng rationalen Naturwissenschaftlers und stelle Seneca deine Erklärung für menschliche Begabung in Form einer kurzen Meinungsrede entgegen! (max. 200 W.)

Text 22: Kriegserklärung an Fortuna

➤ S. 47

1. **Trenne die folgenden Wörter in Präfix / Suffix und Grundwort und gib die im Kontext passende deutsche Bedeutung der einzelnen Elemente in Klammern an !**

zusammengesetztes Wort	Präfix (Bedeutung) + Grundwort (Bedeutung)
z.B. *adeunt*	*Präfix ad- (hin zu) + ire (gehen)*
z.B. *libertati*	*liber (frei) + Suffix -tas (Eigenschaft)*
recipio	
voluptati	
distrahar	
deducere	

2. **Liste in der Tabelle vier verschiedene lateinische Begriffe aus dem Wortfeld „Affekte, Leidenschaften“ auf, die im Text vorkommen und nicht als Vokabel angegeben sind!**

Text 23: „Alles fließt“ als Prinzip der Vergänglichkeit

➤ S. 48

1. **Gliedere den folgenden Satz aus dem Text in Hauptsatz (HS), Gliedsätze (GS) und satzwertige Konstruktionen (sK) und trage das jeweilige lateinische Textzitat in die Tabelle ein!**

sed nos quoque non minus velox cursus praetervehit, et ideo admiror dementiam nostram, quod tantopere amamus rem fugacissimam, corpus, timemusque, ne quando moriamur, cum omne momentum mors prioris sit.

HS/GS/sK	lateinisches Textzitat
HS	

2. **Finde im Text vier Gegensatzpaare und trage diese in die Tabelle ein!**

Begriff aus dem Text	Gegenbegriff aus dem Text	Begriff aus dem Text	Gegenbegriff aus dem Text
in senectute (Z. 1)		in amne (Z. 11)	
mane (Z. 3)		fluvida materia (Z. 20)	

3. **Finde im Text zwei parallel gebaute Sätze und trage die entsprechenden Zitate in die Tabelle ein!**

Stilmittel	Beispiel (lateinisches Textzitat)
Parallelismus	

4. **Finde im Text einen Satz, der die Kernaussage des Textes beinhaltet und der als Überschrift dienen könnte!**

Text 26: Einzig die Zeit gehört uns!

➤ S. 52

1. **Finde im Text drei Trikola (dreigliedrige Strukturen) und trage diese in die Tabelle ein!**

Trikolon aus dem Text

2. **Nimm ausgehend von den folgenden Leitfragen Stellung zum Text und begründe deine Meinung! Antworte in ganzen Sätzen! (max. 150 W.)**
   - Wie soll der Weise mit der Zeit umgehen?
   - Welcher Zeitverlust ist der schlimmste?
   - Warum soll man nichts aufschieben?
   - Welchen Gewinn zieht der Weise aus dem angeratenen Verhalten?

3. **Verfasse ein Antwortschreiben an Seneca, in welchem du auf drei Inhalte des Textes eingehst und das Vergnügen des Chillens verteidigst! Formuliere in ganzen Sätzen! (max. 150 W.)**

4. **Vergleiche den Text mit dem folgenden Vergleichstext und nenne drei wesentliche inhaltliche Gemeinsamkeiten! Formuliere in ganzen Sätzen! (max. 150 W.)**

Vergleichstext : Christian Morgenstern, Horatius travestitus I, 11

Hans Zimmermann, Görlitz – http://12koerbe.de/pan/horaz.htm

Laß das Fragen doch sein! Sorg dich doch nicht über den Tag hinaus!
Martha! Geh nicht mehr hin, bitte, zu der dummen Zigeunerin!
Nimm dein Los, wie es fällt! Lieber Gott, ob dies Jahr das letzte ist,
das beisammen uns sieht, oder ob wir alt wie Methusalem
werden: sieh's doch nur ein: das, lieber Schatz, steht nicht in unsrer Macht.
Amüsier dich, und laß Wein und Konfekt schmecken dir wie bisher!
Seufzen macht mich nervös. Nun aber Schluß! All das ist Zeitverlust!
Küssen Sie mich, m'amie! Heute ist heut! Après nous le déluge!

Text 27: Sinnerfülltes *otium*

➤ S. 53

1. Trenne die folgenden Wörter in Präfix und Grundwort und gib die im Kontext passende deutsche Bedeutung der einzelnen Elemente in Klammern an!

zusammengesetztes Wort	Präfix (Bedeutung) + Grundwort (Bedeutung)
z.B. adeunt	*Präfix ad- (hin zu) + ire (gehen)*
z.B. libertati	*liber (frei) + Suffix -tas (Eigenschaft)*
adiciunt (Z. 4)	
praeparaverunt (Z. 8)	
imbecillitatis (Z. 13)	
contribuit (Z. 38)	

2. Gliedere den Text in vier Abschnitte. Zitiere in der linken Tabellenspalte das erste und letzte Wort eines jeden Abschnittes und gib in der rechten Tabellenspalte den wesentlichen Inhalt an!

Textabschnitt (erstes und letztes Wort)	Wesentlicher Inhalt
Abschnitt 1 von bis	
Abschnitt 2 von bis	
Abschnitt 3 von bis	
Abschnitt 4 von bis	

3. Überprüfe die Richtigkeit der Aussagen anhand des Textes! Kreuze entweder „richtig" oder „falsch" an!

Aussage	richtig	falsch
1. Manche Vergnügungen sind unpassend für den Intellektuellen.	❑	❑
2. Der geistige Kontakt mit großen Philosophen befreit uns aus den Grenzen unserer Lebenszeit.	❑	❑
3. Der geistige Kontakt mit großen Philosophen ist sehr aufwendig.	❑	❑
4. Jeder, der mit großen Philosophen geistigen Kontakt pflegt, wird bereichert.	❑	❑
5. Große Philosophen unterstützen in der Lebensführung, üben aber keinen Druck aus.	❑	❑

4. **Nimm ausgehend von den folgenden Leitfragen Stellung zum Text (ab Kap. 14, 2) und begründe deine Meinung! Antworte in ganzen Sätzen! (max. 150 W.)**

   - Welche Vorteile zum Umgang mit Zeitgenossen bringt der Kontakt mit den verstorbenen Größen der Philosophie?
   - Was kann er helfen, wenn man altert?
   - Welche Gegenargumente wären denkbar?

5. **Wähle aus den gegebenen Möglichkeiten die richtige Übersetzung durch Ankreuzen aus! Nur eine Antwort ist korrekt!**

nemo horum non vacabit **(Z. 30) heißt übersetzt:**	
1. Jeder von ihnen wird Zeit haben.	❑
2. Jede von diesen Stunden wird frei sein.	❑
3. Niemand wird eine Stunde Freizeit haben.	❑
4. Niemand von ihnen wird frei haben.	❑

6. **Verfasse unter Berücksichtigung des Textes einen Werbetext für sinnerfülltes Nichtstun! Formuliere in ganzen Sätzen! (max. 100 W.)**

Text 28: Bewältigung von Lebenskrisen durch Beschäftigung mit Philosophie

➤ S. 56

1. **Wähle aus den gegebenen Möglichkeiten die drei dem Text entsprechenden Aussagen durch Ankreuzen aus!**

1. Cicero hat mit seinen Büchern viele zum Lesen und Schreiben motiviert.	❑
2. Cicero fürchtet, dass man ihm sein politisches Engagement übelnimmt.	❑
3. Cicero findet, Philosophie ist die würdigste Alternative zu aktiver Politik.	❑
4. Cicero hat von Jugend an immer viel Zeit in die Philosophie investiert.	❑
5. Cicero will viel Wissenswertes aus der griechischen Philosophie aufschreiben.	❑
6. Cicero sagt, das Streben nach Politämtern sei das schönste Ziel des Menschen.	❑

2. **Gib Ciceros Definition von Inhalt und Ziel der Philosophie mit eigenen Worten und in ganzen Sätzen wieder (Kap. 5, 6)! (max. 150 W.)**

3. **Nimm ausgehend von den folgenden Leitfragen Stellung zum Textabschnitt Kap. 2 f. und begründe deine Meinung! Antworte in ganzen Sätzen! (max. 150 W.)**

   - Von welcher Richtung der Philosophie spricht Cicero?
   - Gegen welche Phänomene seiner Gegenwart will er sich bei der Philosophie Trost holen?
   - Wie ist es offenbar um das Ansehen der Philosophie in Rom bestellt?

4. **Ordne den folgenden Abschnitten aus dem Text jeweils eine inhaltliche Parallele aus dem Vergleichstext zu und zitiere die entsprechende Stelle in der rechten Tabellenspalte. Eine Textstelle kann nur einmal zugeordnet werden.**

Abschnitte aus dem Text	Parallele aus dem Vergleichstext (deutsches Textzitat)
Maximis in malis hoc tamen boni assecuti videmur, tu ea litteris mandaremus, quae nec erant satis nota nostris et erant cognitione dignissima. (Z. 44–47)	
quid est optabilius sapientia (Z. 47 f.)	
aetatis existimavi honestissime molestias posse deponi, si me ad philosophiam contulissem (Z. 33–36)	

Vergleichstext

In jeder Krise steckt auch eine Chance für uns – auch wenn diese Aussage zunächst sarkarstisch klingen mag. Lebenskrisen reißen uns aus der Gleichgültigkeit, helfen uns zu erkennen, dass unsere eigenen Grenzen noch nicht erreicht sind. Die Notlage zwingt uns, den inneren Schweinehund zu überwinden, aus Gewohnheiten auszubrechen und nach Lösungsmöglichkeiten zu suchen. In einer Lebenskrise lernen wir vielleicht das Leben, auch Alltägliches, wieder mehr zu schätzen, dass wir uns und unsere Bedürfnisse wichtiger nehmen müssen, dass wir uns weniger wichtig nehmen müssen, dass wir nicht nach unseren seelischen oder körperlichen Bedürfnissen gelebt haben, dass der Sinn des Lebens ein anderer ist, andere mehr zu akzeptieren, den Partner und die Freunde wichtiger zu nehmen, andere Prioritäten im Leben zu setzen, zum Glauben zu finden, mehr für unsere Gesundheit zu tun, unsere Zeit besser einzuteilen.

Max Frisch soll einmal gesagt haben: Eine Krise kann ein produktiver Zustand sein. Man muss ihm nur den Beigeschmack der Katastrophe nehmen.

Rolf Merkle – https://www.psychotipps.com/Lebenskrisen.html

Text 31: Nur Torheit führt zum Glück!

➤ S. 61

1. **Wähle aus den gegebenen Möglichkeiten die fünf dem Text entsprechenden Aussagen durch Ankreuzen aus!**

1. Der Weg zur Weisheit führt über die Dummheit.	❑
2. Affekte sind Triebkräfte auf dem Weg zur Weisheit.	❑
3. Lehrer müssen Affekte haben.	❑
4. Die Stoiker sagen, alle Affekte sind Teil der Dummheit.	❑
5. Die Stoiker sagen, ein Weiser ist affektlos.	❑
6. Ein affektloser Mensch wäre wie eine Marmorstatue.	❑

2. **Kommentiere den Abschnitt Z. 28–56 anhand folgender Leitfragen! Antworte in ganzen Sätzen! (max. 150 W.)**
   - Wodurch unterscheidet sich der stoische Weise vom Durchschnittsmenschen?
   - Welche negativen Folgen zeitigt die absolute Weisheit?
   - Welche für das Zusammenleben wichtigen Eigenschaften gehen verloren?

3. **Finde im Textabschnitt Z. 28–56 je ein Beispiel für die unten aufgelisteten Stilmittel und zitiere dieses in der rechten Tabellenspalte!**

Stilmittel	Beispiel (lateinisches Textzitat)
Alliteration	
Anapher	
Asyndeton	
rhetorische Frage	

Text 33: „Lerne dich zu freuen!“

➤ S. 65

1. **Finde im Text zu den folgenden alphabetisch aufgelisteten Fremd- bzw. Lehnwörtern jeweils ein sprachlich verwandtes lateinisches Wort (Substantiv, Verb, Adjektiv, Adverb, Pronomen oder Zahlwort) und zitiere dieses in der rechten Tabellenspalte!**

Fremd- bzw. Lehnwort	lateinisches Textzitat
Advent	
Alien (engl.)	
Attraktion	
frontal	
Kredit	
komplett	

2. **Liste sechs verschiedene lateinische Begriffe aus dem Sachfeld „Freude, Lust“ auf, die im Text vorkommen!**

3. **Ergänze die folgenden Sätze dem Inhalt des Textes entsprechend zu einem vollständigen deutschen Satz!**

1. Lucilius soll sich nicht freuen über
2. Wer seine Freude nicht von anderen abhängig macht,
3. Um Freude zu finden, soll Lucilius

➤

4. Freude entsteht nur
5. Teilnahme an der Spaßgesellschaft bewirkt
6. Lachen ist nicht unbedingt

Text 34: Zeitverschwendung hektischer Manager

➤ S. 65

1. **Fasse den Inhalt des Textabschnitts Kap. 7,1 f. mit eigenen Worten und in ganzen Sätzen zusammen! (max. 40 W.)**

2. **Beschreibe, wie der Verfasser des Textes seine Argumentation aufbaut! (max. 150 W.)**

3. **Finde im Text einen Satz, der die Kernaussage des Textes beinhaltet und der als Überschrift dienen könnte.**

Text 35: Der Wert der Freundschaft

➤ S. 68

1. **Finde im Text zwei Gegensatzpaare und trage diese in die Tabelle ein!**

Begriff aus dem Text	Gegenbegriff aus dem Text

2. **Ergänze die folgenden Sätze dem Inhalt des Textes entsprechend zu einem vollständigen deutschen Satz!**

1. In der gegenseitigen Wertschätzung von Freunden
2. Es ist schön, jemanden zu haben, mit dem
3. Im Glück braucht man jemanden, der
4. Im Unglück ist es gut jemanden zu haben,
5. Freundschaft ist nirgendwo und niemals
6. Die Freundschaft nutzen wir

3. **Gib Ciceros Definition der Freundschaft (Kap. 20) mit eigenen Worten und in ganzen Sätzen wieder! (max. 150 W.)**

Text 38: Problemverdrängung durch Reisen?

➤ S. 73

1. **Gliedere den folgenden Satz aus dem Text in Hauptsatz (HS), Gliedsätze (GS) und satzwertige Konstruktionen (sK) und trage das jeweilige lateinische Textzitat in die Tabelle ein!**

   Vadis huc illuc, ut excutias insidens pondus, quod ipsa iactatione incommodius fit, sicut in navi onera immota minus urgent, inaequaliter convoluta citius eam partem, in quam incubuere, demergunt.

HS/GS/sK	lateinisches Textzitat
HS	

2. Gliedere den Text in vier Abschnitte. Zitiere in der linken Tabellenspalte das erste und letzte Wort eines jeden Abschnittes und gib in der rechten Tabellenspalte den wesentlichen Inhalt an!

Textabschnitt (erstes und letztes Wort)	Wesentlicher Inhalt
Abschnitt 1 von bis	
Abschnitt 2 von bis	
Abschnitt 3 von bis	
Abschnitt 4 von bis	

3. Liste drei Sentenzen aus dem Text auf, die in kurzer Form die Gesamtaussage des Textes transportieren!

4. Belege die folgende Aussage mit vier passenden Zitaten aus dem Text! Zitiere die Belegstellen in der rechten Tabellenspalte!

Aussage zum Text	Belege (lateinisches Textzitat)
Innere Unruhe lässt sich durch Reisen nicht verdrängen	

Text 40: Verrohung des Menschen in der Masse

➤ S. 77

1. **Versetze dich in die Rolle eines Jounalisten und gestalte einen knappen Zeitungsbericht über den Ablauf der Spiele (Z. 16–36)! (max. 150 W.)**

2. **Ergänze die folgenden Sätze dem Inhalt des Textes entsprechend zu einem vollständigen deutschen Satz!**

1. Die Masse hat einen schlechten Einfluss auf
2. Die Gefahr wird größer, je
3. Schlechte Eigenschaften werden durch den Kontakt mit der Menge
4. Dagegen hilft nur

3. **Gib in der rechten Tabellenspalte auf Deutsch jeweils ein Wort, eine Wendung oder einen Inhalt an, worauf sich die folgenden Textzitate beziehen.**

lateinisches Textzitat	Bezug (deutsch)
z.B. *ista (Z. 59)*	*Die Maßnahmen zum Rückzug und zur Charakterfestigung*
hoc (Z. 26)	
ista (Z. 29 f.)	
haec (Z. 35)	
his (Z. 57)	

4. **Finde im Text je ein Beispiel für die unten aufgelisteten Stilmittel und zitiere dieses in der rechten Tabellenspalte!**

Stilmittel	Beispiel (lateinisches Textzitat)
Anapher	
Antithese	
Klimax	
Trikolon	

Text 43: Meide die Verlockungen der Laster!

➤ S. 84

1. **Finde zu folgenden alphabetisch aufgelisteten Fremd- bzw. Lehnwörtern im Text jeweils ein passendes lateinisches Textzitat (Substantiva, Adjektiva, Verba oder Adverbia) und trage dieses in die Tabelle ein!**

Fremd- bzw. Lehnwort	lat. Textzitat	Fremd- bzw. Lehnwort	lat. Textzitat
abstrakt		Kontakt	
dotieren		Lacke	
inkorporieren		Moral	

2. **Vergleiche den Text mit folgendem Vergleichstext und finde drei Gemeinsamkeiten! Formuliere in ganzen Sätzen. (max. 150 W.)**

Vergleichstext
Obwohl beste Skibedingungen herrschen, drängt die Masse der Leute nicht wie an normalen Skitagen nach oben. Der Feiertag wird am Boden zelebriert. Mit Partymusik und Hochprozentigem. Wenn Lautstärke ein Maß für Stimmung ist, herrscht hier beste Laune. Wie in ganz Kitzbühel, wie während des kompletten Wochenendes. Der hübsche Marktplatz und die angrenzenden Gassen sind mit Fressbuden und Saufständen zum Rummelplatz umgebaut. Best of Après Ski gemischt mit Kölner Karneval. 45.000 Zuschauer kommen an einem guten Streif-Samstag nach Kitzbühel, und es ist ein guter. Dutzende Züge aus dem ganzen Land spucken Skifans und Partygänger direkt am Bahnhof Hahnenkamm aus. Security-Leute in gelben Warnjacken haben ihre liebe Müh, die Leute davor zu bewahren, auf die Gleise zu fallen. Je länger der Abend, desto unorthodoxer die Laufwege.
Doch Kitz wäre nicht Kitz, gäbe es hier nur Dosenbier und Flying Hirsch. Das Renommee stammt schließlich vom noblen Ruf, den sich die Promi-Metropole im Laufe der Jahrzehnte zugelegt hat. Wo sonst in Skigebieten gibt es Stöckelschuhe zu kaufen, deren Absätze länger sind als die durchschnittlichen Schneehöhen auf den Bürgersteigen? Kitzbühel ist eben „the place to be“, wie es ganz unbescheiden in der Eigenwerbung heißt. Arnold Schwarzenegger ist Stammgast. Genau wie Niki Lauda oder Bernie Ecclestone.

(Achim Dreis, Frankfurter Allgemeine, 22.1.2017)

3. **Gliedere den folgenden Satz aus dem Text in Hauptsatz (HS), Gliedsätze (GS) und satzwertige Konstruktionen (sK) und trage das jeweilige lateinische Textzitat in die Tabelle ein!**

nos contenti sumus Baiis, quas postero die reliqui locum ob hoc devitandum, cum habeat quasdam naturales dotes, quia illum sibi celebrandum luxuria desumpsit.

HS/GS/sK	lateinisches Textzitat
HS	

Text 44: Bewältigung von Krankheit und Tod
Tod heißt: nicht existieren

➤ S. 86

1. **Ergänze die folgenden Sätze dem Inhalt des Textes entsprechend zu einem vollständigen deutschen Satz!**

1. Tot sein bedeutet
2. Nach uns wird die Welt sein, wie sie
3. Da wir uns an keinen Schmerz vor unserer Geburt erinnern,
4. Für eine Lampe ist es nicht schlimmer, ausgelöscht zu werden, als

5. Wir sind wie Lampen, leiden nur	
6. Der Tod steht uns nicht bevor, sondern	

2. **Finde im Text einen Satz, der die Kernaussage des Textes beinhaltet und der als Überschrift dienen könnte.**

3. **Trenne die folgenden Wörter in Präfix / Suffix und Grundwort und gib die im Kontext passende deutsche Bedeutung der einzelnen Elemente in Klammern an!**

zusammengesetztes Wort	Präfix (Bedeutung) + Grundwort
prodiremus	
accenditur	
praecesserit	
recipe	

Text 46: Der Tod des Philosophen

➤ S. 90

1. **Gliedere den folgenden Satz aus dem Text in Hauptsatz (HS), Gliedsätze (GS) und satzwertige Konstruktionen (sK) und trage das jeweilige lateinische Textzitat in die Tabelle ein!**

   Si vera sunt, quae dicuntur, migrationem esse mortem in eas oras, quas, qui e vita excesserunt, incolunt, id multo iam beatius est.

HS/GS/sK	lateinisches Textzitat
HS	

2. **Finde zu folgenden alphabetisch aufgelisteten Fremd- bzw. Lehnwörtern im Text jeweils ein passendes lateinisches Textzitat (Substantiva, Adjektiva, Verba oder Adverbia) und trage dieses in die Tabelle ein!**

Fremd- bzw. Lehnwort	lat. Textzitat	Fremd- bzw. Lehnwort	lat. Textzitat
Ablativ		Assimilation	
Absolutismus		Emigranten	
Alternative		insensibel	

3. **Finde im Textabschnitt Kap. 97 je ein Beispiel für die unten aufgelisteten Stilmittel und zitiere dieses in der rechten Tabellenspalte!**

Stilmittel	Beispiel (lateinisches Textzitat)
Hyperbaton	
Alliteration	
Alliteration	
Rhetorische Frage	

4. **Liste vier verschiedene lateinische Begriffe / Wendungen aus dem Sachfeld „Reise, Ortsveränderung“ auf, die im Textabschnitt Kap. 97 vorkommen!**

5. **Ergänze die folgenden Sätze aus dem Textabschnitt Kap. 99 dem Inhalt des Textes entsprechend zu einem vollständigen deutschen Satz!**

1. Gute Menschen müssen sich nicht
2. Einem guten Menschen kann nie
3. Ein guter Mensch wird von den Göttern nie
4. Sokrates hat keinen Grund
5. Die Verurteiler meinten nur,
6. Sokrates weiß nicht, ob es besser ist

6. **Fasse den Inhalt des Textes mit eigenen Worten und in ganzen Sätzen zusammen! (max. 150 W.)**

Text 50: Heilender Trost – eine Freundespflicht

➤ S. 97

1. **Gliedere den Text in drei Abschnitte. Zitiere in der linken Tabellenspalte das erste und letzte Wort eines jeden Abschnittes und gib in der rechten Tabellenspalte den wesentlichen Inhalt an!**

Textabschnitt (erstes und letztes Wort)	Wesentlicher Inhalt
Abschnitt 1 von bis	
Abschnitt 2 von bis	
Abschnitt 3 von bis	

2. **Liste sechs verschiedene lateinische Begriffe / Wendungen aus dem Sachfeld „Problem, Leid, Kummer“ auf, die im Textabschnitt Z 1–15 vorkommen!**

3. **Ergänze die folgenden Sätze aus dem letzten Textabschnitt (Z. 34 ff.) dem Inhalt des Textes entsprechend zu einem vollständigen deutschen Satz!**

1. Laut Stoa sind Probleme gleichsam ein Schritt zu
2. Laut Stoa braucht die Tugend immer
3. Laut christlicher Doktrin ist das Leid gut für die
4. Laut Cicero ist Leid eine Konstante
5. Es gibt viele Beispiele von berühmten Männern

Namenverzeichnis